KB233530

일체 민중이 행복한 그날까지

-민주 정의 평화의 수행자 정원 스님

정원 비구

목 차

이 책은 민주 정의 평화의 수행자 비구 정원 큰스님의 유지를 알리기 위해 정원 스님 추모사업회 준비위원회에서 발간하였습니다.

49재와 박근혜 탄핵 인용이 끝나는 대로 정원 스님의 유지를 구현하기 위해 뜻을 같이하는 국민 및 시민사회단체와 함께 정원 스님 추모사업회를 출범하겠습니다.

정원 스님 추모사업회 준비위원회가 아직 미숙한 점이 많습니다. 이 점 시민 여러분께서 이해해 주시고 앞으로 많은 관심과 도움을 부탁드리겠습니다.

2017년 2월 25일

정원 스님 추모사업회 준비위원회

■ 알림

- 유언, 투쟁시, 법문 등은 정원 스님이 페이스북에 남긴 글에서 골랐습니다.
- 유작시는 시집 〈새벽으로 가는 길〉(2004)에서 선별하여 실었습니다.
- 정원 스님의 원문을 최대한 살리되, 일부 내용은 편집위원회의 검토를 거쳐 수정했습니다.

"벗들이여! 그동안 행복했고, 고마웠소."

"가는데 아무런 회한이 없다.
세상을 향해 나는 아무 것도 남기지 않고 이렇게 뜨거운 사랑만 남겨놓고 떠나간다.
이 모든 것은 소신공양으로 매국노 집단이 일어나는 기회를 끊고
촛불시민에게 힘을 실어주기 위함이다."

(유언 중에서)

세월호 사건 직후부터 진도 팽목항에 달려가서 시민과 학생들이 구조되기를 간절히 기도한 정원 스님의 뒷모습.
스님은 세월호 충격으로 안정된 절 생활을 박차고 나와 거리에서 중생과 함께 싸웠다.

"불교는 민중을 진정으로 사랑하라!
민중, 중생을 사랑하지 않는 불교는 가짜다.
수행자는 민중 속에서 붓다를 실현하라!"
(유언 중에서)

2017년 1월 7일 소신 당일 광화문 광장의 자주평화통일실천연대 농성텐트장 앞에서 사진을 남기신 정원 스님.(아래 오른쪽)

① ② 세월호 참사 충격으로 한국을 떠나 베트남에 계실 당시 모습.
③ 2016년 광화문 광장에서 '18대 대선 선거무효소송 속행 촉구를 위한 시위'에 동참.

정원 스님은 2017년 1월 7일 세월호 사건 1,000일
추모 촛불집회 참석 직후 광화문 열린시민광장에서 소신공양했다.
이 장면을 목격하고 사진을 찍은 촛불시민은 불길이 활활 타오르는 속에서도
스님은 가부좌를 틀고 앉아 염송을 했다고 증언했다.

“나의 죽음이 헛되지 않기를
나의 죽음이 어떤 집단의 이익이 아닌
민중의 승리가 되어야 한다.”
（유언 중에서）

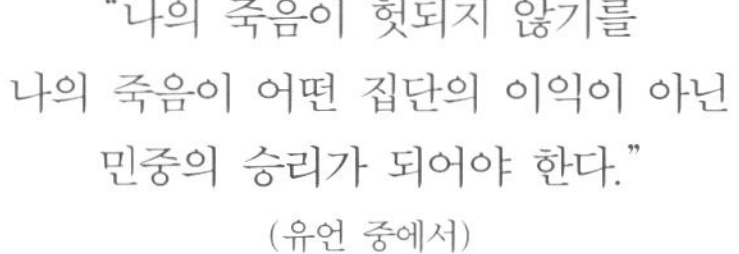

일체 민중들이 행복한 그 날까지
나의 발원은 끝이 없사오며
세세생생 보살도를 떠나지 않게 하옵소서.
（유언 중에서）

광화문 시민분향소에 놓인 정원 스님이 사용하시던 발우.

정원 스님의 삶과 소신공양

갑자기 걸려 온 한 통의 전화, "종로경찰서 강력팀장 ○○○입니다." 가슴이 철렁 내려앉는다. 이어 "정원 스님 동생이시죠." "네, 그렇습니다." "정원 스님께서 어제 광화문에서 분신자살하셨습니다." 이런 갑작스러운 전화를 받고 내 마음은 혼돈에 빠져 버렸다. 속가 동생인 나는 국립대 교수로 재직하고 있기 때문에 형님인 정원 스님의 행장에 늘 불안하고 속상해 했다.

스님의 철학과 행장은 보통 스님과 매우 달랐다. 30대에는 장례식에 스님을 부를 수 없을 정도로 가난한 상가를 방문하여 밥 한 끼에 염불로 영혼을 달래주고 떠났다는 말도 들었다. 지금은 스님의 신념대로 떠나고 안 계신다. 종교를 떠나 지금은 그렇게 떠나가신 형님 스님을 생각하면 국가와 민중을 위해 몸을 불사른 결단에 자랑스러움과 안타까움이 교차한다.

슬퍼하거나 원망하지 마라

책을 출간하기 위해 정원 스님의 행적을 더듬게 되었다. 유언과 일기장을 정리하면서 동생으로서 그동안 잘해드리지 못함에 눈시울을 적시게 된다. 다음의 유언이 나의 마음을 더욱 저리게 했다.

혈족에겐 따로 할 말이 없고 동생에겐 미안할 뿐이다. 이 생의 인연 감사한다. 본래 자리로 돌아가니 슬퍼하거나 원망하지 마라.

1977년 합천 해인사로 출가한 형님 정원 스님은 1953년 서울 종로구 원서동(창덕궁길)에서 출생했다. 평범한 공무원 가정에서 4형제 중 둘째로 태어난 스님은 10대 후반에 원인 모를 병을 앓게 되었다. 온몸에 물집이 생겨 고통을 겪다가 부친이 40대에 일찍 돌아가시면서 그 충격에 출가를 결심한 것으로 생각된다. 지금 생각하니 부처님의 제자로서 중생을 위해 수행하도록 병도 생기고 어려움이 많았다는 생각이 든다. 50여 년 전의 일이다. 어느 날 재동초등학교 시절, 스님이 방과 후 집으로 같이 가면서 주머니에서 강냉이 급식 빵을 꺼내 나에게 건네주었다. 동생에게 주기 위해서 안 먹고 남겨 놓은 모양이다. 영결식 날 운구차와 함께 창덕궁로 앞을 지나 조계사로 향할 때 그 강냉이 빵을 주던 정원 스님의 얼굴이 떠올랐다. 내 기억엔 형님 정원 스님은 맘도 무척 여렸고, 해맑게 웃는 그런 모습이었는데 지금은 까맣게 탄 주검으로 고향 골목길을 운구차에 의지하여 영결식장으로 향하게 되었다. 무엇을 위해 인간으로서 참을 수 없는 고통의 순간을 이겨내며, 인간으로서 감내하기 어려운 분신을 택했는지!

소신공양은 오늘 새벽(2016년 11월 27일)으로 정했다가 28일로 미뤘다. 광장에 많은 사람들이 남아 있기 때문이다. 내일 기도 끝에 불을 당기리라. 많은 고민을 했다. 생이라는 것이 이렇게 집요한 건지, 나의 죽음이 헛되지 않기를 바랄 뿐이다.

소신공양을 결심했으면서도 생에 대한 집착과 사투를 벌인 인간의 고뇌의 흔적을 느끼게 한다. 과연 누가 죽음 앞에 자신이 있겠는가? 소신공양을 시도하다가도 결행까지 하기는 쉽지 않은 일이라고도 들었다. 2017년 1월 7일 오후 10시 30분경 정원 스님은 서울 광화문 시민열린마당 인근, 사람들에게 피해가 가지 않는 장소를 분신 장소로 선택했다. 세월호 참사 1,000일을 맞이하여 '박근혜 구속'을 외치며 소신공양(불교에서 중생구제를 발원하며 생명을 바치는 보살행)을 결행했다. 이때 남긴 스님의 유언은 나의 마음에 깊이 새겨졌다.

벗들이여! 그동안 행복했소. 고마웠소.
고마운 마음 개별적으로 하지 못하오. 사랑하오. 민중이 승리하길, 촛불이 기필코 승리하기를 바라오. 박근혜와 그 일당들을 반드시 몰아내야 합니다. 그리하여 이 땅에 정의가 바로 서기를 간절히 바랍니다. 촛불은 가슴에서 불 붙여 활활 타오르도록 해야 합니다. 나의 죽음이 헛되지 않기를 바라며, 나의 죽음이 어떤 집단의 이익이 아닌 민중의 승리가 되어야 한다.

지인들은 정원 스님이 민주와 통일운동의 투사였다고 말한다. '4대강 사업'에 반대하며, 2010년 5월 낙동강변에서 소신했던 문수 스님과 한때 뜻을 같이했다. 스님은 본포취수장 옆 낙동강 선원과 창원, 함안 일대 사찰에서 주석하시며, 4대강 사업 반대운동을 전개하였다.

정원 스님을 잘 알고 지낸 조영건 경남대 명예교수는 지난 1월 13일 서울대병원에서 열린 추모문화제에서 "정원 스님은 문수 스님께서 소신하실 무렵 4대강 사업의 문제점을 지적하며, 그 뒤 창원 일대 사찰에서 지내셨다."라고 말했다. 그리고 "정원 스님은《문예사조》에 정식으로 등단한 시인이었고, 불교역사도 공부를 많이 하신 지식인이었다."고 회상했다.

수행과 현실참여의 두 수레바퀴 굴려야

정원 스님은 1980년 법주사 강원에서 공부하던 중 광주항쟁과 10·27 법난이 발생하자 서울에 올라와 '불교탄압 공동대책위원회'에서 활동했다.

2014년 4월 16일 세월호 사건 이후 사회참여 활동에 적극적이던 스님은 2008년 불교 종단의 부패를 두고 볼 수 없다며 소속 종단인 조계종에 승적을 반납했다. '진정한 불교는 민중과 함께'라는 사상이 강하게 나타나면서 그 여린 성품이 불의를 못 참는 성품으로 바뀌었다는 생각이 든다. 이때부터 스님은 사회운동가로 불의와 싸우는 투사로 변모하게 된 것 같다.

2007년 12월 3일에는 의정부에서 거리 유세하던 이명박 전 대통령에게 "BBK 사건의 전모를 밝혀라."는 내용의 유인물과 함께 계란 3개를 던져 집행유예를 선고받기도 했다.

2008년에는 불교인권위원회 인천지부 부위원장으로 쇠고기 협상에 대해 반대운동을 전개하다가 은평경찰서에 연행되었다는 인터넷 기사도 눈에 띈다. 스님은 이 사건과 관련해서 기자와의 인터뷰에서 "국민에게 폭력적 고통을 주는 정부는 국민의 정부가 아니며, 이를 방관하는 불교계 지도부도 각성해야 한다."고 주장하였다. 동생인 나도 그 당시는 몰랐고 나중에서야 알았다.

나는 가만히 산속 절에서 수행만 하면 안 되겠냐고 불만의 소리도 하곤 했다. 근데 형님 스님은 "스님에겐 두 가지의 길이 있다. 하나는 수행이고, 다른 하나는 현실 참여다."라고 말씀하셨다. 이 두 개의 수레바퀴가 함께 돌아가야 온전한 불교, 온전한 수행자가 된다고 생각하셨다. 또 폭력으로 국민을 이길 수 없고, 현 정권은 '국민을 섬긴다'고 말하면서 국민을 짓누르고 있다고 말씀하셨다.

2011년 4월 19일, 또 한통의 전화를 받게 된다. 정원 스님이 상암동 박정희 기념관 유리창을 파손했다는 연락이다. 경찰과 검찰에서 보호자를 물어보면 가능한 한 동생인 나에게 피해 안 가게 하려고 노력하셨는데, 열 번 중 한두 번은 할 수 없이 내 연락처를 밝힌 것 같다.

세월호 참사로 큰 충격 받아

이러한 철학과 신념이 있던 스님은 불교계의 모순을 개선하려고 노력했는데, 이리저리 사찰을 옮겨 다니며 어렵게 지내신 것 같았다. 스님은 오랜 수행과 공부로 나름대로 법력을 가진 승려라는 자부심이 매우 컸다. 또한 승려들의 복지, 특히 노후 문제가 해결 안 되는 현실에 대해 많은 안타까움을 가지기도 했다.

스님에게 현실 즉 사바세계에서의 가장 큰 충격은 바로 세월호 참사였다. 팽목항으로 급하게 달려간 스님은 매일 식음을 전폐하며 보름간 생존자 구조를 위한 기도를 이어 갔다. 안타까워하는 스님의 심정은 유언에서 이렇게 표현되었다.

세월호 참사로 생명을 빼앗긴 단원고 학생들과 승객들을 만나면 구해주지 못해 정말 미안하다고 말해주겠노라.

구조가 더 이상 이루어지지 않자 나에게 전화로 다시는 한국에 돌아오지 않겠다고 하시면서 베트남으로 떠났다. 그 후 약 2년 동안은 연락이 없으셨다. 그러던 어느 날 자주평화통일실천연대 백도영 불교위원장에게서 스님이 서울 구치소에 수감되었다는 전화를 받았다. 스님이나 나나 모두 제일 힘들었던 시기였다. 2015년 12월 28일 '일본군 위안부 한일 합의'에 반대해 오다 2016년 1월 8일 부당한 한일 간 위안부 합의에 항의해 외교부 서울청사 정문에 화염병을 투척하였다. 이 혐의로 3개월간 구치소 생활을 하다가 집행유예로 풀려났다. 나나 스님이나 모두 몇 개월간 참 힘들었던 시기였다.

2016년 6월 어느 날 인천공항에서 다시 베트남으로 가신다는 연락이 있었는데, 느닷없이 분신 자살이라는 종로경찰서의 연락을 받은 것이다. 어이가 없었다. 광화문 일대와 전국은 스님의 분신 항거로 떠들썩했다. 그 당시는 원망과 안타까움이 교차했다. 속이 상하면서도 분신 항거의 배경을 되새겨 보니 스님다운 행동으로 받아들이게 되었다. 유튜브에 있는 형님 스님의 《천수경》과 노래 〈떠나가는 배〉, 〈만남〉, 〈사랑이여〉를 들으면서 나와 아내는 그동안 참아왔던 눈물을 흘리고 말았다. 각종 기사를 실시간 검색하면서 '아! 형님의 법력이 이 정도였던가'를 느끼게 되었고 너무 가슴이 뭉클해졌다.

화염 속에서도 가부좌를 유지하며 염불

정원 스님은 박근혜 대통령의 탄핵정국에 따른 광화문 촛불시위에 적극적으로 참여하였다. 촛불이 시간이 지남에 따라 식지 않을까 하는 걱정에 늘 맘을 졸였고, 민중의 촛불이 꺼지고 탄핵정국이 왜곡되어 국민이 원하지 않는 결과가 나올까 노심초사하셨다. 이에 대해 스님은 유언장에서 "박근혜가 계속 내려오지 않고 버티고 있다. 탄핵속도는 빨라지고 있으나 헌재에서 탄핵될지 확신이 서지 않는다. 국민의 힘으로 박근혜를 물러나게 하고 친일 매국노를 척결해서 주권을 찾고 더럽혀진 이 땅의 정기를 바로 세워야 한다."고 밝혔다. 그래서 민중이 승리하고 민주주의를 지키기 위한 소신공양의 결행을 하겠다고 했다.

광화문 촛불집회에 참가했던 한 시민은 활활 타오르는 불길 속에서도 상상을 초월하는 극한의 고통을 견디며 고요히 가부좌를 틀고 앉은 스님이 일체의 미동도 없이 독경을 하신 장면을 목격했다. 이 분은 급히 달려가 태극기 문양이 새겨진 어깨 담요를 벗어 휘두르며 불끄기를 시도했는데 스님은 계속 독경을 하고 '박근혜 구속'을 외치며 가부좌 자세를 유지했다고 한다. 촛불시민은 그 뒤 스님의 장례식장을 찾아와 너무도 충격적인 장면에 분신 현장에서 본인이 혼절했다고 증언했다. 또 어떤 목격자는 조금만 뜨거운 냄비를 만져도 본능적으로 움츠리는 것이 인간인데 어떻게 그렇게 자세를 유지할 수 있느냐고 놀라움을 금치 못했다고 한다. 이는 그동안 수행으로 생긴 법력 때문이며, 유체이

탈이 이루어진 것으로 보인다. 또다시 가슴이 뭉클해지며 동생으로서 마음이 숙연해진다.

1963년 6월 11일 틱광둑 스님(당시 스님도 세납 65세)은 베트남 독재정권에 항거하며 소신공양을 했다. 정원 스님도 민중을 위해 소신공양을 한 것이다. 당시 월남 고딘 지엠 정권의 불교탄압과 독재에 맞서 틱광둑 스님은 수많은 스님들과 경찰이 지켜보는 가운데 불길이 치솟아 오르는 동안에도 가부좌를 유지하며 소신공양을 했다.

모든 국민이 탄핵을 요구하고 진정한 리더를 원하는데, 반대편에 선 집단 즉 박사모 및 일베, 그리고 전 KBS 아나운서이자 T코칭그룹 대표인 J씨의 트위터에서 정원 스님의 충정 어린 분신 항거를 '북한과 결탁한' 좌파의 사주에 의한 행위로 오도했다. 순수한 의도로 광화문의 스님 분향소를 방문한 국민들까지 매도했다. 그렇지 않다는 정원 스님의 유언을 다시 내놓고 싶어진다.

나는 나의 소신공양 후의 일은 생각지 않는다. 나는 나답게 갈 뿐이다.
자연스럽게 가지 못하는 것은 어쩔 수 없다. 원이 있다면 이 땅에 새로운 물결이 도래하여 더러운 것들을 몰아내고 새 판 새 물결이 형성되기를 바랄 뿐이다.

뜨거운 사랑만 남겨놓고 떠나간다

지금의 현실은 대통령을 비롯한 정치권에서 최선을 다해도 대한민국이 국제사회에서 생존하기 어려운 상황이다. 구한말처럼 외세의 틈바구니에서 힘들었던 국가의 양상과 같다. 리더도, 힘 있는 정치권도 국민을 외면하고 있다. 우리 국민들은 정말 슬픔과 좌절을 느끼며 먹고 살기 위해 하루하루를 버티며 살아가고 있다. 우리 국민이 대통령에게 많은 것을 요구하지 않았다. 존경받는 대통령도 원하지 않았다. 단지 대통령의 직분에 충실해 달라는 것이었다. 아침 9시에 집무실에 출근해서 6시에 관저로 퇴근하는 기본적인 대통령으로서의 직무를 요구했을 뿐이다. 이제 그들에게 스님의 유언을 다시 되짚어 보고 싶다.

> 나는 진정 당신들이 원하는 것을 모르겠소.
> 가는데 아무런 회한이 없다. 세상을 향해 나는 아무것도 남기지 않고 이렇게 뜨거운 사랑만 남겨놓고 떠나간다. 권력, 더러운 명예에 찌들은 인생들에게 반성의 기회를 주고자 함이다.

이제 한 가지 길밖에 없다. 참회의 길이다. 지금의 상황을 만든 박근혜와 그 주변의 무리들은 반성해야 한다. 다시는 실패한 대통령, 거꾸로 가는 역사가 반복되지 않도록 석고대죄 해야 한다. 이제 정원 스님은 나 개인의 형님이 아니라 진정한 민중의 등대가 되었다. 대한민국의 미래를 밝히고, 도도히 흐르는 역사에 교훈이 될 것으로 생각한다. 이미 스님의 육신은 떠났지만, 49재에 맞춰 이 책이 출간되면 다시 광화문 촛불민중의 곁에 돌아오실 것으로 생각하며 위로받을 수 있을 것 같다.

끝으로 그동안 광화문에서 정원 스님을 아껴주셨던 모든 촛불시민들과 스님들, 박근혜정권퇴진 비상국민행동 및 사회단체, 분신항거비대위, 장례지원단체 및 장례위원들, 매주 제사에 참여해 주시는 분들, 소소히 물자를 지원해주시고 자원봉사 해 주시는 분들, 그리고 지금도 분향소를 찾아 애도해 주시는 모든 분께 진정어린 감사의 말씀을 올립니다.

2017년 2월 25일
서상원(정원 스님 속가 동생)

1장

이보시오 촛불님네

- 유언 모음

1. 이보시오 촛불님네

이보시오 촛불님네 내간다고 서러마라
지구중생 돌고돌아 언젠가는 다시만나
그대곁에 다가와서 미소짓는 저사람이
넘어질때 손잡는이 나인것을 알고사소
그런사람 부처이고 보살인줄 알고사세
생명줄을 잡았으면 놓을줄도 알아야지
잡는다고 잡혀지나 놓는다고 놓아지나
이세상에 동류인생 모두모두 나의가족
나의친족 나의친구 한국땅에 태어날때
이런줄을 몰랐다네 매국역적 득세하여
칠십여년 침탈하고 껍데기만 한국이요
알맹이는 일본미국 나라이니 원통하고
분통하다 국민들은 더이상은 이대로는
못살겠다 갈아엎자 국정농단 무리들을
처단하자 소리높네 생명이란 한꾸러미
그런줄을 모르고서 제배때기 채울줄만
아는것은 짐승보다 못한부류 하류인생
국정농단 천지기만 동물야수 모두나와
착한인간 괴롭히니 죄란죄는 모두모두

저지르니 그악행이 지구우주 덮었어라

이제나는 그들악행 징치하러 떠나노니

잡지마오 슬퍼마오 악인들을 모두모두

처벌한뒤 그이름들 지옥세계 명부판에

영원토록 새기려니 대대자손 과보받고

부끄러워 하늘태양 쳐다보지 못하리니

선량선민 가슴맺힌 철천지한 씻기우세

할말이란 너무많아 기록하기 어려우니

이만하세 이만하오

2. 벗들이여!

벗들이여 그동안 행복했소. 고마웠소.

고마운 마음 개별적으로 하지 못하오.

메시지 다 지웠고, 이 글 올리는 즉시 초기화 할 것이오.

사랑하오. 민중이 승리하길, 촛불이 기필코 승리하기를 바라오.

박근혜와 그 일당들을 반드시 몰아내야 합니다.

그리하여 이 땅에 정의가 바로 서기를 간절히 바랍니다.

촛불은 가슴에서 불붙여 활활 타오르도록 해야 합니다.

안녕. 부디 행복해지기를……

3. 나의 죽음이 헛되지 않기를

나의 죽음이 헛되지 않기를
나의 죽음이 어떤 집단의 이익이 아닌
민중의 승리가 되어야 한다.
제도화된 수사로 소신공양을 수식하지 마라.
나는 우주의 원소로 돌아가니
어떤 흔적도 남기지 마라.

4. 소신공양

소신공양으로 매국노 집단이 일어나는 기회를 끊고
촛불시민에게 힘을 실어주기 위함이다.

5. 일체민중의 행복을 위해

일체민중들이 행복한 그 날까지
나의 발원은 끝이 없사오며
세세생생 보살도를 떠나지 않게 하옵소서.

6. 목탁의 비애

목탁의 비애
목탁 울려 잠을 깨울 수 없고
죽비로 젖은 몸 말릴 수 없어
요령 흔들어 잠든 영혼 불러올 수 없는
세월의 비명들이여!

7. 민중 속에서

불교는 민중을 진정으로 사랑하라!
민중, 중생을 사랑하지 않는 불교는 가짜다.
수행자는 민중 속에서 붓다를 실현하라!

8. 장기기증

소신공양으로 장기기증 못함이 아쉽습니다.

9. 두고 보지 않으리

민중을 기만하고 고통스럽게 만든
이명박과 박근혜 무리를 인간 땅이 두고 보지 않을 것이다.

10. 시주물

승가는 시주물이 하늘에서 오는 것이 아니라
사회에서 오는 것이며,
사회구성원의 눈물과 땀의 결과물로 제공됨을 잊지 말고
시주자인 민중을 따라야 하는 것입니다.

11. 오로지 국민을 위해

오로지 국가, 국민을 위해서
몸을 불사를 용의가 있느냐 하면
저는 얼마든지 여러분과 함께 하겠습니다.

12. 빈자일등

민중이 승리해야 합니다. 그렇지 않으면 또다시 불행한 역사가 되풀이
됩니다.
촛불민심이 정의인 것은 사심이 없기에 직관의 눈으로 보고 말하기에
하늘의 뜻입니다.
혁명은 내부로부터 와야 합니다. 촛불은 내부에서 불을 붙여 밖으로
나와 세상의 어둠을 몰아내었습니다. 내부에서 붙인 불은 꺼지지 않는
다. 빈자일등貧者一燈처럼.

13. 진정 나는 모르겠소

진정 나는 당신들이 원하는 것을 모르겠소.

14. 사랑합니다

나의 죽음이 희망이 되기를
페이스북 친구들, 사랑합니다.
국민들이 뿌리까지 반성하지 않으면

당신들은 또다시 과오를 저지를 것이고 불행한 역사를 거듭할 것이며,
이명박, 박근혜 같은 자를 또 선택할 것이다.
이 나라의 뿌리가 어디서 무엇이 잘못되었는지 크게 깨닫지 못하면
국민들은 계속 희생될 것이다.

15. 평등 세상

신분, 지위, 성별, 재산 등을 벗어난 사회구조가 짜여지는 세상이 불교
의 평등.
새로운 패러다임, 새로운 판을 짜는 밑바닥 개혁 없이 희망 없다.

16. 천벌

박근혜 일당들은 더 이상 국민을 우롱하지 마라
천벌을 받을 것이다!

17. 민중장으로

검찰은 부검하지 마라.
민중장으로 장례를 치르라.
화장하여 남해바다에 뿌려 달라.
승려의 위의를 갖추어 줄 것.
우주로 돌아가기 전 해결하리라.

18. 세월호 희생자 만나면

세월호 참사로 생명을 빼앗긴
단원고 학생들과 승객들 만나면
구해주지 못해 정말 미안하다고
말해주겠노라.

19. 바람

페이스북 정원 비구 글 중에서 책으로 낼 만한 것이 있다면 출판하고,
그 수익금은 양심수 영치금과 복지에 써주기 바랍니다.

20. 가족에게

혈족에겐 따로 할 말이 없고 동생에겐 미안할 뿐이다.
이 생에 인연 감사한다.
본래 자리로 돌아가니 슬퍼하거나 원망하지 마라.

21. 소신공양 결단

소신공양을 올리겠다고 페이스북에 글을 올린 것은
2016년 11월 13일이다.
그 후 지금까지 타이밍을 보고 있었다.
박근혜가 계속 내려오지 않고 버티고 있다.
탄핵속도는 빨라지고 있다.
헌재에서 탄핵될지 확신이 서지 않는다.
국민은 탄핵보다 하야를 원하고 있다.
탄핵은 정치권의 사안이다.
국민의 힘으로 박근혜를 물러나게 하고
친일 매국노를 척결해서 주권을 찾고
더럽혀진 이 땅의 정기를 바로 세워야 한다.

22. 기도 끝에 불을 당기리라

소신공양은 오늘 새벽(11월 27일)으로 정했다가 28일로 미뤘다.

광장에 많은 사람들이 남아 있기 때문이다.

내일 기도 끝에 불을 당기리라.

많은 고민을 했다.

생이라는 것이 이렇게 집요한 건지

나의 죽음이 헛되지 않기를 바랄 뿐이다.

거처인 동명여관 숙박비는 이달까지 모두 지불되었다.

23. 사필귀정

최순실과 박근혜 파문은 사필귀정이다.

부정선거로 권력을 탈취한 박근혜가 임기를 마친다는 것은 용납할 수
없다.

정치권은 정치의 함수를 도출하려고 할 뿐 근본적인 문제는 거론하지
않는다.

24. 나답게 갈 뿐

나는 나의 소신공양 후의 일은 생각지 않는다.

나는 나답게 갈 뿐이다.

자연스럽게 가지 못하는 것은 어쩔 수 없다.

원이 있다면 이 땅에 새로운 물결이 도래하여 더러운 것들을 몰아내고

새 판 새 물결이 형성되기를 바랄 뿐이다.

그리고 불교, 승려들이 각성하여 민중 속에서 깨달음을 세상의 고통과

함께 하고, 이 땅의 구조적 모순을 해결하는 주체로 살아가기를 간절

히 원하고 있다.

일체민중을 사랑하며……. 정원 합장

25. 민중에 대한 믿음

계엄령의 빌미를 줄 것 같아 많이 망설였다.

그럼에도 소신공양이 정권에 대한 유혈투쟁으로는 가지 않으리라는

민중에 대한 믿음이 있다.

더 이상 상황을 살피거나 할 이유는 없다.

청와대 측이 검찰 대면 수사를 거부했다.

국민의 요구도 거부했다.

뭘 더 기대하고 기다린단 말인가?

26. 박근혜의 말로

또다시 국민 가슴에 꽂은 칼을 비틀어
고통을 가중시켰다.
국민의 저항은 상상치 못할 정도로 거세질 것이다.
박근혜의 말로, 비극적 말로가 보인다.

27. 세상이 불타고 있다

붓다(석가모니 부처님)께서 아난을 불길에 휩싸인 숲으로 데리고 갔다.
"아난아 너는 불타는 숲이 어떠하냐?"
"두렵습니다."
"세상은 불타고 있다. 욕망과 탐욕에 의해 불타고 있다. 탐욕의 불길은
저 숲을 태우는 것과 같이 세상을 태우고 자신마저 불길 속에 몰아넣
을 것이다."
한국은 몇몇의 탐욕(물질적 탐욕이든 권력적 탐욕이든)에 의해 불태워지고 있
다.

그러면서 자신만은 그 불길 속에서 빠져나오려 하고 있다.

불을 지른 박근혜 일당은 국민들을 그 불 속에 밀어 넣으려 하고 있다.

용서할 수 없는 행위이다.

죄과를 철저히 단죄해야 한다.

오늘 나 개인의 행동으로 저들의 죄과를 내 불길 속에 집어넣을 것이다.

28. 적폐청산

비장한 마음으로 남기는 글

박근혜, 최순실 게이트 국정농단으로 한국은 최대 위기를 맞고 있다. 박근혜, 최순실류들은 처음부터 지금까지 국민 대중을 우롱하고 기만하여 가슴에 칼을 꽂고 비틀고 있습니다. 그 교란함이 도를 넘고 이를 기회로 박사모들은 민심을 호도하고 공격하고 있는데 이는 법을 무시하는 처사이며, 도도한 촛불민심을 더럽히려는 작태입니다.

1차부터 촛불에 참여한 저는 더 이상 이러한 상황을 지켜볼 수가 없습니다. 박근혜를 비롯한 그에 동조하는 무리들은 천심을 거역하는 패역질을 자행하는 것입니다. 박근혜는 이명박과 공모하여 부정선거로 민권을 파괴하고 권력을 강탈한 야수입니다. 그들이 야수의 이빨과 발톱을 뽑아버리고 인간의 마음으로 돌아오기를 바랍니다. 인간의 평정심을 찾아 바른 삶을 살아가기를 진심으로 원합니다.

저는 온 몸을 던져서 짐승과 야수의 마음을 가진 저들에게 호소합니다.

민심은 천심입니다. 천심을 거스르는 행위는 하늘이 용서하지 않을 것
이며 이 땅의 선량한 민심들이 허용하지 않을 것입니다.

저는 다음과 같이 외칩니다.

박근혜는 광화문에 석고대죄하고 용서를 빌라.

그에 동조한 정치권과 무리들은 민심을 받들고 백의종군하라.

촛불민심은 박근혜류를 무장 해제시키고 법의 준엄한 심판을 받게 하라.

촛불민심은 하늘이 준 기회를 놓치지 말고 역사의 새날을 위해 총력을
쏟으라.

적폐청산, 매국노 무리들 청산!

세월호 참사를 빚어낸 몸통을 찾아내 법적 처벌하라.

29. 아이들아!

나는 세월호 참사로 인해 절망과 극심한 고통을 겪었다.

그러하니 가족의 고통은 어떠하랴!

반드시 진상을 밝혀내서 최종 책임자까지 처벌하라!

아이들아! 비로소 미안함을 덜 수 있구나…….

박근혜, 최순실, 김기춘, 우병우, 문고리 3인방, 김장수, 황교안을 사법

처리하라!

뉴라이트, 어버이연합, 한국자유총연맹, 박사모들에 대한 계좌추적 및 국고 지원을 단절하고 처단하라!

30. 촛불시민을 위하여

이 모든 것은 소신공양으로 매국노 집단이 일어나는 기회를 끊고 촛불시민에게 힘을 실어주기 위함이다.

31. 사랑만 남겨놓고 떠나간다

가는데 아무런 회한이 없다. 세상을 향해 나는 아무것도 남기지 않고 이렇게 뜨거운 사랑만 남겨놓고 떠나간다. 권력, 더러운 명예에 찌들은 인생들에게 반성의 기회를 주고자 함이다.

|2장|

목탁노동자의 회심곡

-일기 모음

불교의 평등에 대하여

불교의 평등을 뭐라고 생각하나요?

제가 아는 불교의 평등, 일단 석가모니의 평등을 헤아려보고 말씀드리죠.

석가모니는 승가 안에서 승려들의 구분을 이렇게 정했습니다.

1. 석가와 10대 제자를 제외한 제자 중 아라한과를 증득한 승려(나이 구분 없이)
2. 아나함과를 증득한 승려
3. 사다함과를 증득한 승려
4. 수다원과를 증득한 승려
5. 비구계를 받은 순서
6. 사미계를 받은 순서
7. 입문한 순서
8. 나이 순

이 순서가 지켜진다고 보나요?

아닙니다.

본사라고 하는 해인사, 통도사, 송광사 같은 절에서 겨우 명맥만 유지하는 것이지 그 외의 사찰에서는 주지가 왕입니다.

아라한과라고 하는 깨달음의 증표를 측량할 수 없는 한계에 머물고 있기도 하지만 자본주의에 침투된 계급적 질서를 위에 두기 때문입니다.

이외에 불교는 승가 내에서 어떤 구별도 하지 않습니다.

과거 신분이 어떻든, 전에 결혼을 했든 아니든, 전과가 있든 없든.

하기야 요즘은 전과자는 조계종에서 안 받는다 하데요.

불교의 평등은 산을 깎아 평지를 만드는 식이 아닐 겁니다.

자신의 말에 따라야만 화합하는 것으로 주장하는 것은 독재의 유형이지 지도력이 아닙니다.

아직도 독재시대의 망령에 의해 움직이는 사람들이 있군요.

인간은 늘 견제당하지 않으면 독재하게 되어 있나 봅니다.

2013년 7월 9일 경상남도 창원에서

불자(승려 포함)는 보살도를 향해 가야 한다.

선종禪宗에서는 돈오頓悟나 점수漸修를 최고의 가치로 여기고 있다. 그 전통은 아직도 이어지고 있다. 그런데 깨달음이란 무엇이기에 수십 년씩 선을 닦고 있는 수행자들 중에 도인이 나왔다는 말이 없단 말인가? 도인이 많이 나왔는데 혼자 도를 즐기고 있는 것인가?

화두참선話頭參禪에 문제가 많다. 화두참선은 중국 선종의 아류이기 때문이다. 화두란 궁극의 질문이다. 그런데 한국불교는 중국에서부터 내려온 1,700여의 공안(물음)과 씨름하고 있다. 화두타파를 위해서는 망상하지 말라면서 화두를 떠올리는 망상을 거듭하고 있다.

진정한 화두는 내가 가장 목말라하는 것에 대한 물음이다. 그것은 사람마다 다 다를 것이다. 그렇기에 누가 가져다 주는 궁금증과 물음은 온전히 내 것이 될 수가 없다.

내가 가장 절실한 게 무엇인가? 그것을 물고 늘어져야 한다. 나 개인으로 말하자면 한국불교 1,700년의 역사 속에 불교는 왜 모든 백성의 삶 속에 역사적 실천으로서의 불교를 심지 못했는가라는 물음이 있다. 그렇게 긴 역사 속에 숱한 인물들이 스쳐 지나갔건만 오늘날 불교는 왜 민중의 삶을 온통 견인해내지 못하는 것인가?

《해동고승전》에 의하면 고승이라 일컬어지는 분만 해도 200명이 넘는다. 그 200명이라는 고승들이 한국의 역사에 어떤 자리매김을 했는가? 내 개인의 판단으로는 불교 역사에 지대한 영향을 끼친 이는 10여 명에 불과하다고 본다.

고구려부터 보자면 아도화상, 이차돈, 원효, 의상, 부설 거사, 의천, 휴정, 유정, 경허, 만해, 만공, 효봉, 한암, 성철 정도로밖에 나는 들지 못하겠다. 그 이유는 아무리 대각을 성취하였다 하더라도 그것은 자기 안의 우주적 성취에 지나지 않기 때문이다.

불교에는 수행의 여러 단계가 있는데, 화엄사상을 제외하고는 모두 다 대각을 성취하는 것을 목적으로 하고 있다. 대각이란 부동지, 부처의 자리이다. 부처라고 하는 것은 다른 종교로 말하면 절대 경지의 신의 위치다.

신은 절대 경지이기에 차별이 없고, 없어야 하며, 있을 수가 없다. 신은 누구와 가깝다고 해서 은총을 내리고, 멀다 해서 벌을 내릴 수 없는 적멸의 자리이기 때문이다. 그것은 유학에서 말하는 '천지天地는 불이不二'하다는 이치와 같다. 개별적 섭리나 인격적 행위를 위해서는 신의 자리에서 내려와야만 한다. 그것이 우주의 섭리이기 때문이다.

세상에는 불교의 수행자뿐만 아니라 각종 종교의 수행자들이 많다. 그럼에도 그들은 최고의 선善인 입멸의 자리, 모든 것이 끊어진 경지를 얻고자 하기에 세상과는 점점 멀어지고 오히려 세상에 해를 끼치게 되는(경제적이든 사회문화적이든) 해악을 범하고 있는 것이다.

본인이 그런 경지를 얻으려 하는 것을 막을 수는 없다. 그러나 정녕 이 세상과 무관한 도를 닦으려면 이 세상의 모든 것과 결별해야 한다.

세상과 교통하지 말아야 하고 세상에서 나오는 것들로부터 혜택을 입어서는 안 되는 것이다.

하지만 세상 어떤 사람도 어떤 존재도 관계 맺지 않고 살아간다는 것은 도저히 있을 수 없는 일이다. 어떤 형태이든 서로 관계 맺고, 주고받는 것이 생명의 원리이기 때문이다.

내가 《화엄경》 가르침을 따라야 한다는 것은 《화엄경》에서는 부처의 경지에 도달하는 가르침이 아니라 10지라는 보살의 단계에 따라 6바라밀을 실천하고 사회 속에 부처의 가르침을 실현하는 것을 마지막 단계로 삼고 있기 때문이다.

마음의 작용을 가장 세밀하게 밝힌 《대승기신론》은 《화엄경》의 10지를 무시하고 12지를 최고의 자리로 보고 수행하는 방법을 말하고 있다. 12지 즉 부처의 자리를 얻는 것을 최고의 가치로 보고 있는 것이다.

상좌부 불교는 물론하고 대승경전에도 거의 성불하는 것을 목적으로 하고 있기에 《화엄경》의 십지보살에 대한 말씀은 더 빛난다고 생각한다.

죽음을 두려워하지 않고 윤회를 두려워하지 않는다면 부처를 구하려고 할 이유가 무엇이며, 부처를 구하지 않아도 두려움과 미혹에서 벗어날 수 있음에도 지금도 성불이라는 부처의 자리를 목표로 삼고 불교를 수행해 나가는 이 시스템을 바꾸지 않는 한 불교는 민중과 괴리되어 점점 멀어질 것이다.

《화엄경》의 가르침은 6바라밀이라고 하는 사회에서 실천할 수 있는 지성의 덕목을 단계별로 설정하고 있으며, 그 덕목이 어떻게 발현되는지를 아주 치밀하게 밝히고 있다.

나는 신비한 체험을 겪고 난 뒤에 내가 왜 사회문제에 뛰어들게 되었는지 《화엄경》을 통해서 알게 되었다. 즉 기도영험을 통해 에고가 일시 사라지고, 자성 자리가 나타나고, 평소에 경험할 수 없는 신비한 체험을 하고, 기라고 하는 에너지가 내 몸에 들어온 이후로 나는 세상에 눈뜨게 되었고, 안개 걷힌 마을 풍경 속에 세상의 고통이 가슴으로 닥쳐와 반사적으로 나는 한국사회의 가장 예민한 문제와 맞부딪치게 되었던 것이다.

물론 사회문제에 대처하는 태도에 많은 문제점이 드러났지만 그 동기는 당연하다고 지금도 생각한다. 한국사회는 정직하고 정의로운 사람보다 불의로 이득을 취하는 것으로 정의를 삼는 사람들이 많고, 그런 사람들이 지도층이나 힘 있는 자리에 있기에 한국사회는 후진국이나 다름없다고 본다.

불교학자 중에 참나를 알고 깊어지면 보시(베푸는 것)가 저절로 발현되고 지계(도덕적인 것)가 쉽게 된다고 하는데 도 닦는 사람이 많은 한국사회가 왜 더럽고 어지러운 것일까? 그것은 우리가 함께 풀어야 할 화두다. 이게 진정한 화두가 아니고 무엇이겠는가?

2014년 3월 9일

영화 〈국제시장〉

지금 JTBC 뉴스룸에서 윤제균 감독이 영화 〈국제시장〉에 대해서 말하고 있다. 감독은 이 영화를 가족영화로 봐야지 이념의 잣대로 논하는 것은 감독의 취지와 어긋난다고 말하고 있다.

나는 영화감독이란 미디어 문화의 창조자 역할을 하는 직업인이기에 자신의 영화가 사회에 어떤 영향을 줄 것인가도 생각해야 한다고 본다. 영화에 대한 시각은 관객의 몫인데 감독이 왜 관객의 시선에 대해 뭐라 하는가.

영화 〈국제시장〉은 그렇잖아도 꼴보수화되어가는 한국 내 사회 흐름을 더욱 과거로 퇴행시키는 역할을 했다고 나는 단언한다. 이의가 있다면 제기하기 바란다.

2015년 1월 6일

박근혜 몰락

가장 확실한 박근혜의 몰락은 내부 붕괴일 것 같습니다.

지금 비서실의 소란과 잡음이 붕괴로 이어질지도 모릅니다.

그래서 의외로 내부에서 해결의 실마리가 찾아질지도 모릅니다.

세상의 흐름이란 것이 그렇기도 하고요. 외부에서 아무리 공략을 해도 무너지지 않던 철옹성도 내부에서 균열이 가고 붕괴가 이루어졌던 역사의 흐름을 우리는 잘 알고 있습니다.

불행하게도 박근혜는 지 애비의 숙명을 닮아 그렇게 말로를 맞이할지도 모를 일입니다.

2015년 1월 10일

불성을 만나는 길

과학을 모르면 석가모니의 이치를 얻을 수 없습니다.

한국불교는 거의 신(붓다 신)을 믿는 유신론자이며 비과학적인 맹신론자들이 대부분입니다.

자기 안에 유전자를 찾아가는 길이 업식業識을 찾는 길이며, 그 끝에 불성佛性을 만나게 된다는 말을 하고 싶네요.

2015년 4월 22일

내 사랑 민중

내가 사랑하는 대상은 언제나 민중이다.

난 늘 민중을 그리워하다 원망하며, 민중을 떠나려 하다 다시 돌아오
는 그리움과 이별을 반복하며 살고 있다.

2015년 4월 24일

오늘날의 승가를 보며

체력이 예전 같지가 않아서 몸이 귀찮아하는 신호를 자주 보내온다. 세속에서나 산속에서나 음양이 고루 갖춰지지 않으면 몸의 균형이 흐트러지게 마련인데…….

석가모니 붓다께서는 왕자로서 수행자로 살기를 꿈꾸면서도 세속 학문을 꾸준하게 연마하셨다. 역사, 언어, 수리, 천문은 물론이고, 과학, 지리, 생물학, 점성학, 생리학과 무술을 익히고 심지어는 방중술까지(여자로부터의 유혹을 이겨 내고자 하는 것) 배운 것으로 기록되어 있다.

그런 부처님에 비추어 본다면 오늘날 승려들의 학문이 너무 얄팍하고 부족하여 사회의 병을 해결하지 못하고, 오히려 세속의 병통에 빠져있는 것은 당연한 귀결인지 모른다.

오로지 불교로만 불교를 알려고 하고 터득하려고만 하니 고차원적인 붓다의 가르침을 알 수가 없고 터득할 수 없는 현실이 당연하다는 것이다.

그래서 같은 승려인 내가 다른 승려에게 질문을 하거나 답변을 들으면, 도무지 무슨 얘긴지 알 수 없는 자기만의 논리에 빠져서 중얼거리는 꼴이다.

오늘날 조계종의 각종 병폐의 근본 원인은 탐욕이지만 그 근간에는 세상을 품으려고 하는 애정이 없는 데 문제가 있으며, 그 근저에는 세상을 이해하려는 노력과 사람을 이해하려는 노력이 부족한데서 온다고 본다.

여러 가지 노력이 필요하겠지만 승려를 만드는 교육제도 속에 세상을 이해하고 가까이하려고 하는 공부(교과목 포함)가 절실히 필요하다고 본다.

불교를 불교로서만 알려고 한다면 자기 오류에 빠지게 되고, 불교를 바로 보고 자기를 바로 보는 시각을 잃게 되는 결과를 오늘날의 승가僧伽를 보며 다시 절실하게 깨닫게 된다.

나무 석가모니불 _()_

2015년 5월 4일

빌어먹을 세상을 향해

빌어먹을!

며칠 후면 붓다가 이 세상에 오신 날이란다.

기뻐할 일이다. 그러나 내가 승려 된 이후로 석가탄신일은 나에게 축제가 된 해는 몇 해 되지 않을 것이다. 기억이 가물가물…….

빌어먹을!

석가는 빌어먹으라고 가르쳤건만 빌어먹을 놈의 세상에서 빌어먹지 않고, 벌어먹고 훔쳐먹고 빼앗아 먹고 산다.

승려는 빌어먹고 살아야 한다. 빈다는 의미는 기도한다는 의미다. 손을 싹싹 비비듯.

그래야 세상의 어려움을 체험하고 사람들로부터 수모와 모욕을 통해 자신을 완성의 길로 이끌 수 있다.

아, 처절하게 빌어먹고 싶다. 이 빌어먹을 세상을 향해.

2015년 5월 16일

불교의 매력

내가 불교에 깊은 매력을 느낀 것은 석가모니라는 구체적 인물의 행적과 삶이지만 곳곳에 한 남자를 매료시킬 수 있는 요소가 많은 것이 불교였다.

특히, 생사生死가 본래 없다는 대목이 나를 확 휘어잡았다.

분명 생이 있기에 내가 지금 있건만…….

그러나 내가 현실불교에 뛰어들면서 나는 내 자신을 포함하여 승려처럼 소아적이고 고립적이며 겁쟁이들이 또 있을까 싶을 정도로 불교의 쌩얼을 날마다 확인하고 있다.

이번 석가탄신일을 끝으로 한국에서의 부처님 오신 날 참여는 더 이상 없을 것이다.

이곳이 지겹고 역겨워서 나 자신이 나를 자꾸 밀어내고 있다.

내 발목을 단단히 잡는 것들이 있어 지체는 될 것 같다.

2015년 5월 22일

붓다에게 길을 묻다

우리와 당신의 길이 다르냐고 묻고 싶다.
진흙밭을 걸으며 집으로 돌아오는 사람들의 갈라진 맨발에서
니련선하 강가에서 발을 씻던 당신의 모습을 보며
깨달음이 무엇이냐고 목말라 묻던 선재 동자에게
무엇을 보이셨나.

팔만대장경의 장광설을 풀어놓아 지구를 모두 감싼다 하더라도
한마디로 동체대비同體大悲 아니신지.
무진설법 감동으로 온 세상 사람 귀를 녹여도
너와 나와 우주의 연결고리 풀어야만 하지 않을까요.

깨달음이 중요한 게 아니라
깨달음을 이웃과 사회에 환원하고 귀결시키지 못한다면
당신이 말한 연기법은 귀고리 장식에 지나지 않을까요.

팔만대장경은 먹물 먹인 종이에 지나지 않을 테고.
화장지로도 쓰지 못하는 폐지가 되지 않을까요.
석가탄신일을 맞이하여 푸념조로 써 봅니다.

2015년 5월 25일

잠이 안 와서 주절거려 봅니다.

나는 한국에서 더 이상 수행자로 살 수 없음을 절실하게 느껴온 지 십수 년기 되었습니다.

지혜롭고 영리한 수행자도 무능하고 세상 고통에 무감각한 시스템의 일원으로 전락해버리는 구조 상태에서 나의 간절한 기도도 더 이상 빛을 내지 못함을 심각하게 느낍니다.

종교는 개인과 사회의 구조를 개선하는 도구로만 잘 쓰여도 역할을 어느 정도 수행하고 있다고 생각하는데, 오히려 세상의 짐이 되고 해가 되는 지경에 이르렀습니다.

충격요법으로 정치권을 깨우치려고, 불교 1,600년 역사에 없는 최고 권력자에 대한 폭력적 항거를 했는데 무용지물이 되고, 나는 힘없는 종이호랑이로 변해 버렸습니다. 사회의 아주 작은 귀퉁이를 밝히고 구원하는데 나의 노력이 많이 부족했나 봅니다. 그것은 어쩌면 나의 이기심이 나의 희생심을 막아선 것인지 모릅니다.

내 몸에 12년 동안 무한한 힘으로 발휘되던 에너지체도 소멸되었고, 더 이상 이 땅에서 내가 할 수 있는 일이 없다는 결론에 이릅니다. 이제는 문수 스님처럼 자신의 몸을 불태울 힘도 없습니다. 그렇다고 내 일신을 보듬기 위해 살 수는 없지요. 세상은 한 덩어리이니 나의 행복을 위해서라도 다른 사람, 다른 존재를 감쌀 수밖에 없는 것이지요.

제가 있는 절의 주지 스님이 나보다 10년이나 젊은데 거동을 못하는 처지라 그는 나를 의지하며 몇 년을 함께 살았는데 이제 그만 내 손을 놓아주기를 바랍니다.

제발 내 후임자로 올 스님을 거부하지 말아주세요.

2015년 6월 7일

나의 죄업

1. 민중을 온전히 사랑하지 못한 죄.

2. 우매한 불교 신도들을 각성시키지 못한 죄.

3. 이명박에게 계란을 던진 죄(계란이 아니라 폭탄이었어야 했다. 그렇게 됐다면 박근혜가 대통령이 될 일이 없을지 모르고, 세월호 사건으로 그렇게 많은 사람이 죽지도 않았다).

4. 이 나라의 DNA가 변이되었다는 것을 늦게 깨달은 점.

5. 이 나라 중생들을 버리고 떠나려는 죄.

한국에서 계속 살아야 한다면 박근혜 일당들과 최후 결투를 하지 않고 분노만 하게 됩니다. 비겁하지만 내가 살기 위해서 떠나는 것인지도 모릅니다.

2015년 6월 8일

불교여, 피 터지게 싸워라

한국불교는 도가풍道家風의 색깔이 지배적입니다. 개화된 지 120년이 넘었건만 아직도 은둔형 도인들이 많습니다. 그 도인들은 그룹을 이루고 소규모의 신도를 거느리고 있는데 그로 인해 사람들에게 주는 피해도 많이 발생합니다. 그 이유는

1. 맹신적 종교관을 형성해서 본인과 가족, 이웃을 어둠에 빠뜨린다.
2. 자신이 이룬 도를 사회적 가치로 전환하기보다는 아류를 확장하는 일에 몰두한다.
3. 정상적인 종교생활을 방해할 요소가 다분하다.

논리가 지나치면 싸움이 일어난다 합니다. 그것은 한국사회가 아직 토론이나 논리 전개에 성숙하지 못하다는 반증이 아닐는지요. 종교는 내부에서 치열한 논리 싸움이 일어나야 합니다.
불교 또한 내부 모순과 교리의 시대적 요청에 대한 논쟁이 활발해야 하는데 절 내부에서 토론 문화라는 것이 거의 없고 일방적 지시나 선언에 그치는 풍토가 개선되지 않고 있습니다. 논쟁이 없으면 불의나 비민주적 요소가 살아나고 논리가 수반되지 않으면 신앙은 맹신과 미신으로 흐르게 됩니다.

2015년 6월 21일

자유

오늘도 새벽예불 모시고 경전 한 권 독송하고 짐을 쌌습니다.

가방이 한 개가 되는 날, 나는 더욱 자유로워질 것입니다.

2015년 6월 24일

육욕락(六慾樂)

62

불교에서 5욕락(명예욕, 돈 욕심, 이성에 대한 욕심. 오래 살고픈 욕심, 잠자고 싶은 욕심)을 가장 끊기 어렵다고 하는데 5욕락에 한 가지를 더 추가해야 한다고 봅니다.

5욕락은 멀리할 수 있는데 인터넷 욕구는 끊어내기 어렵네요.

그것은 같은 언어를 사용하는 사람들과의 소통이니까요.

부탄에서 수행자로 살려면 인터넷을 끊어야 할 것입니다.

2015년 7월 9일

분노해야 할 때 분노하지 않는 것은 병

이리 치고 저리 빠지고 느물거리고 거짓말을 잘하고 안 그런 척 눙치는 짓은 처자식을 끌고 가야 하는 가장들의 안쓰러운 생존책이다.

수행자가 고지식해야지 계산 빠르고 자리보전에만 힘쓰면 그는 이미 속인인 것입니다.

분노해야 할 때 분노하지 못하고 기뻐할 때 기뻐하지 못하는 수행이란 크게 잘못된 것입니다.

분노하되 선악을 구분하여 꾸짖고 기뻐하되 중심을 잃지 않는 것이 불교의 축인데 소위 참선했다고 하는 자들이(승속 불문) 감정을 일으키지 않고, 분노해야 할 때 분노하지 않는 것은 병이 든 것이고 망령된 짓이다. 그런 자들은 몽둥이로 다스려야 합니다.

한국, 청와대, 그리고 한국불교에 휘발유를 끼얹고 불 싸지르고 싶다!

2015년 10월 16일

조계종은 무너져야 합니다.

오늘 용주사 관련 기자회견장에 갔습니다. 늦게 가서 발표 내용은 듣지 못했지만 기자들의 질문과 응답을 보고 내용을 추론하는 게 가능하더군요. 불교 언론은 언론이 아닌 총무원 의도를 대변하기 일색이고, 일부 기자는 정보원 노릇한다는 것을 아는 사람은 다 알고 있습니다.

기자회견 전에 잠시 조계사 건너편에서 1인 시위를 했습니다. 호법부 국장인지가 와서 이것저것 묻고 왜 여기서 이러느냐고 하기에 너희들이 국정원과 같이 뒤를 캐는데 선수이니 능력껏 나를 알아보라고 반박했습니다.

기자회견 끝나고 식사자리에서 참석한 사람들에게 용주사 주지의 대처 문제, 총무원의 부패상을 단지 조계종의 문제로만 보는 불자들이 많아서 부패승과 박근혜는 쌍생아라고 일갈했습니다.

조계종은 무너져야 합니다. 그래서 해체 뒤에 제대로 된 종단을 새로 만들어야 합니다. 52살이나 먹은 낡은 집단입니다.

2015년 10월 20일

물러서지 않는 지혜가 필요

여러분들은 화엄신장이 되십시오. 싸워야 할 때 싸워야 하고 지켜내야 할 것은 지켜내야 합니다. 지금 시점에서 화해란 어렵습니다. 물러서지 않는 지혜가 필요합니다.

2015년 10월 24일

10 · 27 법난의 날

오늘 10 · 27 법난의 날이 저물고 있다. 그날 법주사 강원에서 공부하고 있었는데 군인들이 들이닥쳐서 큰방에서 자고 있던 스님들을 깨우고 교무 혜운 스님을 연행해 갔다. 사찰 입장료를 횡령했다는 이유였다.

전두환의 정권 찬탈에 대한 부담을 덜기 위한 음모였다는 여론이 있었다. 그 무렵 조계종 총무원은 일주문에 각목으로 무장한 깡패승들이 스님들의 출입을 통제했고, 불교의 내분은 심각한 수준이었다.

현시점의 종단은 그때보다 순수하지 않고 타락이 더욱 심화되었고, 부패는 교활한 얼굴로 다각적이고 고질화되고 있다. 정부도 어떤 권력도 손댈 수 없을 정도로 종단권력은 단단해졌다. 선거사범 박근혜와 부패승들은 삼쌍둥이다.

누가, 어느 집단이 저 범죄자 소굴을 무너뜨릴 것인가? 선량한 불심을 가진 이들의 결집만이 양의 얼굴을 하고 있는 가짜 승려들을 각성시킬 수 있을 것이다 .

2015년 10월 27일

불교의 존재 이유

불교와 승려들이 민중에게 외면당하는 것은 당연한 귀결입니다.

투쟁 현장에 승려들은 거의 없고 민중들에게 해 준 것이 없는 불교입니다. 고통의 현장에 승려들이 보이지 않네요.

그럴 만한 여러 가지 이유와 역사적 배경이 있다 해도 깨우침을 근본으로 삼는 불교가 아직도 미망에서 벗어나지 못하고 있는 것은 참 문제네요. 투쟁이 아니더라도 투쟁의 문제현장에서 승려가 중재 역할을 하는 모습이라도 보여야 합니다.

깨달음의 프레임에 갇히지 말고 보살도를 실천해야 합니다.

그 길만이 불교의 존재 이유입니다.

2015년 10월 30일

원리전도몽상

원리전도몽상遠離顚倒夢想은 《반야심경》에 나오는 부처님 말씀입니다. 거꾸로 뒤집힌 생각들을 버려야 결국 열반에 든다고 부처님께서 말씀하셨습니다.

요즘 돌아가는 것을 보면 혼돈의 시대임을 절실히 느낍니다. 엄연한 거짓을 뒤집어 진실로 가장하고, 사실을 교묘한 주장으로 덮거나 물타기를 합니다.

그래서 정직하고 바르게 살려는 사람들을 위협합니다.

바른말을 하던 사람도 나쁜 기류에 휩쓸려 자신이 했던 말을 쉽게 뒤집더군요.

이명박, 박근혜가 국민들 마음까지 더럽히고 혼탁케 합니다.

그 이전에도 거짓과 혼돈이 상존했으나 이명박과 박근혜가 들어와서 극도로 그 폐해가 깊어지고 있습니다.

부패한 권력승들은 파렴치한 통치 수법을 벤치마킹하여 언론을 악의적으로 통치하고 정의에 입각한 선량한 불교도들을 협박하고 있는 악의 무리들입니다.

자신을 성찰하지 않고 자신의 행위를 복기하지 않는 집단은 존재할 이유가 없습니다.

그런 태도라면 내년 초파일은 없을 것입니다.

2015년 11월 6일

한국불교의 미래

대한불교 조계종의 가장 큰 폐단은 한두 가지가 아닙니다. 종단 짐승들의 탐욕과 권력욕 집착이 발단이었지만 시스템의 문제가 더 심각할지 모릅니다.

하나하나 짚어 봅니다.

1. 수행자가 돈을 만지는 구조가 큰 잘못입니다. 식민지의 잔재가 남아 있지만 해방 후 불교의 운영방식에 대한 전반적인 점검을 했어야 합니다.

2. 6·25 전후로 이념 논쟁과 투쟁으로 혼란하였지만 불교 내부는 이념 대립에 의해 집단적인 분쟁을 겪었다는 말을 듣지 못했습니다. 절 밖에서는 죽고 죽이는 혼란이 있음에도 스님들은 낮잠 자고 있었는지…….

3. 사람은 누구나 자신의 몸에 이상 접촉이나 물질의 이입이 있으면 몸이 경계 신호를 보내게 되는데, 불교사상과 전혀 다른 삶의 형태가 개입되어도 반응이 없었던 것은 감각기능이 죽어 있었다고 볼 수밖에 없습니다. 그 원인은 염불이든 참선이든 어떤 방식의 수행이든 불교를 한자리에 고정화시키는 병폐에 있습니다.

싯다르타는 명상에 잠기기도 했지만 늘 사람들을 만나러 걸어 다녔습니다. 한자리에 3일 이상 머물지 말라던 말씀은 한자리에 머물면 소유

욕이 일어나기 때문이라는 말씀이기도 하지만 일정한 틀로 자신의 말, 행동, 생활까지도 규범화 하지 말라는 깊은 뜻이 있었습니다.

보세요. 조계종 야차들은 대부분 한자리에 짱박혀 삽니다. 유명 주지들은 절을 몇 개씩 가지고 있습니다. 법적 소유권이 없더라도 20년, 30년씩 주지로 있다면 그게 소유지 뭐가 소유인가요?

몇 십억은 물론 몇 백억씩 재산을 소유한 야차들도 있습니다. 중진급 이상 야차들은 종법이 허술한 틈을 타서 종단 절을 사유재산으로 빼돌리기도 합니다.

가난한 중은 머물 곳이 없어 월 20만 원 고시원에 머물거나 행려병자로 죽어가기도 합니다.

이런 비극적 현상을 그 스님들의 탓만으로 돌려야 하나요?

불교인들(승속 모두)은 어떤 문제가 벌어지면 문제를 해결하려는 의지는 보이지 않고 '내 탓이오'라거나, '다 자기 업이지'라면서 밖의 문제를 자기 내부에서 종결시켜버리는 어리석은 습성이 있습니다. 문제가 해결되기도 전에 이런 태도를 보이는 것은 피해 당사자를 죽이는 행위이며, 자신을 어둡게 하고 결국 자신을 망치는 죄악입니다. 세월호 사건에서도 극명하게 나타났습니다.

법륜 스님이 '내 탓이오' 하기에 찾아가서 따지고 나무랐습니다. 다른 사람이 보기에 하찮은 승려가 감히 법륜이라는 큰스님에게? 나는 법륜이고 부처님이고 잘못되었으면 눈치 안보고 따집니다. 나는 눈치 안보고 지금껏 살아왔습니다. 법륜은 나하고 동갑내기이지만 난 40년을 절에 살아왔기에 절에서는 내가 선배입니다.

내가 말하려던 근본 취지는 불교를 고정한 것으로 보고 있는 잘못된 생각에 대한 지적입니다. 살아있으면서도 죽어있는 말을 하고 움직이면서도 붙박혀 있는 불교의 시스템의 배경에는 죽어 있는 선禪이 있습니다.

말로는 행주좌와어묵동정行住坐臥語默動靜이라 하면서 방구석에 쭈그리고 앉아 졸다가 해제가 되면 몇 백만 원씩 받아나가지만 목탁노동자는 그 돈을 마련하기 위해 혀 빠지게 염불해야 하는 이 어이없는 구조. 시팔, 니들 돈 벌려고 내가 머리 깎았냐?

선을 한다는 양반들은 앉아 있으면 도를 깨치는 줄 알고 있다. 깨닫는다는 건 바르게 살 수 있는 단초일 뿐 개 좆도 아니다. 밤낮 쭈그리고 있어봐라, 도 없다.

한국불교를 선도해온 선은 반성해야 한다. 선객이 아파트 얻어놓고 해제 철에는 아파트에서 뒹굴뒹굴 하다 결제 들어가서 졸다가 3개월 지나면 몇 백만 원씩 움켜쥐고 나오는 이 시스템 벗어나지 못하면 한국불교의 미래는 없다. 어쩌면 비리, 범계 승려보다 더 큰 골칫거리다.

에잇, 툇툇툇.

2015년 11월 7일

물대포든 탱크든 그 앞에 반드시 서겠습니다.

여러 가지 시급한 사안들이 있지만 따로 남길 말은 있기 마련이고 남겨야 한다고 판단했습니다. 제가 외국으로 떠도는 것을 못마땅하게 생각하여 제게 비트는 말을 했던 분은 한 분도 안 계십니다.

지금은 인터넷 활동까지 중단한 저의 절친인 김갑균 샘은 저와 오랜 시간 사회문제, 불교의 전반적인 문제에 대해 속속들이 밤샘 토론한 바가 있기에 저의 심중에 대해서 잘 알지만, 저와 알고 지내는 다른 분들은 모르는 부분이 많습니다.

제가 세월호 충격으로 인해 안정된 절 생활을 박차고 나온 것은 단순한 충동적 감상이 아니라 그간에 저 스스로 참고 참아서 억눌러 왔던 해탈의 의지를 실현한 것입니다.

부정할 수 없는 승려의 계급문제, 갑을 관계로 전락한 주지와 소임자의 관계를 지속할 수 없었고, 그 길은 수행자의 길이 아니며 악화가 양화를 구축하는 일원으로 살아가게 되기에 떨쳐버린 것입니다.

백만 원 넘는 돈과 따듯한 이부자리의 안온함. 이 추운 겨울날 고시원 혹은 노숙자로 떠도는 수행자에 비하면 배부른 선택이라고 비난 받을지 모릅니다. 단돈 50만 원도 없어서 고통 받는 민생의 삶에 비한다면 승려들의 생활은 지나친 사치일 것입니다. 저는 배부른 돼지보다 배고픈 소크라테스의 삶을 택한 것은 아닙니다. 다만 안위를 위해 영혼을 팔지 않으려는 몸부림일 뿐입니다.

외국에서의 삶은 너무나 고달픕니다. 모 주지가 나를 불러놓고 약속을 어기고 뭉개는 바람에 한국에서의 마지막 희망은 사라졌습니다.

저는 자신 스스로가 행한 물리적 법칙에 근거한 윤회를 확신합니다. 반드시 그 법칙이 철저하게 적용될지는 죽어서 스스로를 지켜봐야 밝혀지겠지만 외국행의 전모는 한국에 다시는 나타나지 않겠다는 각오를 실현하려는 의지입니다.

외국에서 죽는다고 한국에 태어나지 않는다는 명확한 진리를 증명할 능력은 없습니다. 제가 외국에서 죽지 않고 한국으로 다시 돌아간다면 물대포든 탱크든 그 앞에 반드시 서겠습니다. 그것이 민중에 대한 사랑이라 확신합니다.

2015년 12월 2일

깨지지 않으면 깨달음은 오지 않는다.

깨닫다 : realize, 인지하다, 실현하다, 달성하다.
깨다 : break, 헤어지다. 휴식.

불교에서 깨달음은 최상의 가치로 여겨 왔습니다. 깨달음도 층위가 다르지만 그것만을 최고의 목적으로 해온 것은 사실입니다. 그로 인해 다른 의미나 가치들은 저평가되거나 사장되기도 합니다. 그래서 불교는 한국사회를 아우르는 사상 행동을 실천하기 어려운 원인 중 하나로 자리잡고 있습니다.

제가 '깨달음'과 '깨다' 혹은 '깨지다'라는 두 단어를 함께 적은 것은 같은 의미를 가지고 있어서입니다. 전에 불교 모임에서 지나는 말로 했지만 출가란 깨지는 것이라 말했습니다. 출가나 깨달음이나 자신이 고집해왔던 생각이나 습관, 행동이 깨지고 새로운 질서가 자기 안에 도래해야만 가능한 것이기에 저는 동일한 의미로 생각합니다.

즉 세속의 삶을 그대로 연장한다면 출가가 아니라는 뜻이며, 세속의 생각 질서가 깨지고 자기만의 가치관이 새롭게 정립되는 것이 깨달음이란 말입니다. 세월호 비극으로 인해 모르던 세상을 깨우치게 되었다던지 그로 인해 굴절된 한국역사를 몸으로 깨우치게 되었다고 하는 분도 깨달음을 얻으신 분입니다.

깨지지 않으면 깨달음은 오지 않습니다. 세상을 보는 눈이 깨지지 않으면 가스통 할배(젊은 가스통들도 있더군요)처럼 행동하게 되고 편협한 행동을 할 수밖에요.

오늘 2차 민중집회에 참여하는 분들이 다치지 않았으면 합니다. 구금되고 벌금을 내는 동지가 없기를 바랍니다. 제가 낸 벌금 총액이 천만 원 가까운데……. 벌금 1~2백만 원 맞아도 동지들 가계에 타격이 크겠죠. 제가 과격한 언사를 쓰지만 동지들이 다치는 것은 원치 않습니다.

2015년 12월 5일

한 가지의 시위방법

일반 시민 참가자와 노동자, 농민 참가자와는 입장이 다르다고 봅니다.
생존이 걸려있는 그들에게 평화적으로 앉아서 노래나 구호만 외치고
가라는 것은 일방적인 주장입니다.
그들의 판단에 맡겨야 한다고 봅니다. 한 가지의 시위 방법은 오래 못
갑니다.

2015년 12월 6일

소설 페스트

알베르트 까뮈의 《페스트》를 읽은 것은 10대 후반이었거나 20대 초반의 일이다. 그 전에 《이방인》을 탐독하고 저항 정신이 무엇인가에 고민했던 때가 있었다.

《페스트》라는 소설을 보면 오랑시라고 하는 도시에 페스트가 발병하여 퍼져나갔고 정부는 오랑시를 폐쇄하기에 이르렀으나 의사 리유가 시민들을 설득하여 예방활동에 힘쓰고 신문기자 랑베르와 장타루라는 외지 여행자는 페스트에 대한 계몽 활동에 나선다.

결국 페스트를 물리쳤는데 그로 인해 인간의 여러 가지 비겁한 군상들이 드러났다. 돈을 쓰고 오랑시를 빠져나가려던 권력자들. 페스트는 하나님이 주신 벌이라며 회개하라고 외치던 사람들, 시의 질병관리본부 책임자 리차드는 초기 대응에 실패하고 책임을 전가하려 했고, 파늘루 신부는 이 모두 하나님의 뜻이라며 자포자기 하였다.

한국은 지금 오랑시처럼 더럽고 추악한 부패가 만연하고, 학자들은 자기 학문을 부정하거나 교묘한 논리로 자신의 주장을 합리화하고 있다. 국민들은 못 살겠다고 아우성이다.

오로지 양심있는 시민과 일부 학자, 지식인, 법률가만이 쓰러지려는 정의를 부둥켜안고 힘겨운 싸움을 해나가고 있다. 이분들은 오랑시를 구해낸 의사 리유와 랑베르, 장타루 같은 분들이다.

소설은 리유의 마지막 말로 끝을 맺는다.

"깨어나라. 악은 언제나 무지에서 오는 것이다. 가장 구제불능인 악은 모든 것을 안다고 자만하는 것이다. 명징한 안목 없이는 선을 행하기 어렵다."

2015년 12월 8일

정의를 바로 세우는 것이 수행이다.

모름지기 목숨 던져서 수행했다고 하는 수좌들은 대체 뭣들 하고 있
나?
부당한 권력에 저항하는 것이 의미 없다고 생각하는가? 아니면 왜 저
항해야 하는지 이유를 모르는가?
알면서 행동하지 않는 수행자는 겁쟁이며, 알고도 가만히 있는 수행자
는 그야말로 자신도 부패한 승려임을 자각할 지어다.
이럴 때 한번 성깔 부려 봄직하지 않은가?
나는 왜 하지 않냐고?
나를 모르는가? 10여 년을 얼마나 투철하게 권력과 싸워 왔는지를.
권력을 향해 싸워 온 나를…….
그리고 나는 마지막 카드를 아직 쓸 데가 아니고 바다 건너 멀리 있단
말이오.

불교는 다양한 수행방법과 길이 있지만 궁극적으로는 상구보리 하화중
생上求菩提 下化衆生입니다. 한국불교는 보리는 있겠지만 하화중생은 없고
구호와 문자에만 있습니다. 알량한 포교와 사회 복지를 하는 것을 하
화중생이라 말하지 마십시오. 보살행도 아닌 행위를 보살행이라 해서
는 안 될 것입니다.
한국불교는 대승이라 입으로 말하면서 소승보다 못한 자격미달의 종교

입니다. 조계종은 입으로 수없이 중생 제도 보리살타를 외치지만 스스로도 정화하지 못하는 패착에 빠져 있습니다. 부처님은 우리 중생들은 인타라망처럼 얽혀 있어서 상호의 관계를 해소하지 않으면 서로 망치게 된다 하셨습니다. 한국은 그물에 걸린 고기처럼 사회 모든 구성원이 파닥이며 헐떡이고 있습니다.

부정선거로 정권을 강탈한 박근혜가 그 죄과를 덮기 위해 수없이 사건을 조작하고 덮고 또 다른 사건을 만들어 내고 있습니다. 지금 부처님 품안으로 파고든 한상균 위원장은 500만 노동자를 대표하는 아주 중추적인 인물입니다. 노동자들의 생명이 걸린 고용문제를 정부는 함부로 다루고 국회에서 강행 처리하려 하고 있습니다.

여러분 이웃집에 강도가 들었다고 모른 척 하시겠습니까? 이웃집 불행이 얼마 후 나의 불행이 될 수 있을 텐데?

노동문제는 불교만의 문제가 아니라 이 나라의 모든 것에 연관되어 있고 우리 자신과도 연관이 있습니다. 우리 국민들은 오만방자한 권력의 폭정에 신음하고 있는데, 그 오만하고 탐욕스런 권력을 견제할 만한 힘을 가진 단체가 없습니다. 야당은 물론 아니고요.

그런데 한 위원장을 교통방해죄로 구속하려 합니다. 교통방해는 끽해야 100만 원 내외의 벌금이 나오는 사안입니다. 그런 것을 가지고 구속하려는 것은 노동계 전체를 탄압하고 엿가락처럼 나라를 주무르려는 음모가 숨어있다 할 수 있습니다. 없는 죄도 만들어내는 정부입니다. 나라는 국민이 주인이며, 그렇기에 부정 개표로 청와대에 함부로 들어간 박근혜를 꾸짖어야 하며 정의를 바로 세워야 합니다.

저는 부처님께 '정의를 바로 세우는 것이 수행이다'라는 수기를 받았습니다.

불자 여러분, 내일 11시까지 조계사로 오셔서 정의를 세우십시오.

간곡히 부탁드립니다.

2015년 12월 9일 정원비구 합장

목탁노동자의 비애

박훈 변호사가 어떤 분류법인지 모르지만 처음 만났을 때 나를 '목탁노동자'라고 칭했다. 처음에 거부감이 들었다. 노동자라니, 승려는 직업이 아닌데……. 곰곰이 생각해 보니 아주 틀린 말은 아니다.

승가의 한 맥락을 짚어준 말이라는 생각이 든다. 선원이나 강원에서 해제비 받는 것은 노동의 대가라기보다 기여비랄까. 근데 뭘 기여했단 말인가? 3개 월 동안 쭈그리고 앉아 준 것이 기여란 말인지. 큰 절에 공부하는 스님이 이렇게 많다는 걸 보여준 점에 기여한 것인지. 관행치고는 더러운 관행이다. 이 점 때문에 주지들은 부정을 저지르거나 돈 많은 신도의 주머니를 털 수밖에 없는 구조다. 물론 그 와중에 자신의 것도 챙기겠지만. 1인당 3~4백만 원씩 30명이면 얼마인가?

이런 분류에 속하지 않은 스님들은 대부분이 목탁노동자이다. 노동자라면 근로기준법은 아니더라도 최소한의 보호 장치가 있어야 하는데 목탁승려에겐 그런 게 없다. 주지 맘에 안 들면 겨울의 추운 날씨에 노숙자로 전락할 수가 있다. 실제 노숙자 승려도 있다. 나같이 뛰어난 염불 재능을 가진 사람도 한두 번 쫓겨난 경험이 있다. 내가 계율을 어기거나 잘못 살아서가 아니라 절 내부의 모순을 지적했기 때문이다. 어느 절이라고는 않겠다. 주지가 바뀐지도 오래되고 해서……. 부처님께 공양 올리는 행위는 그 자체부터 기도하는 마음이어야 한다. 설령 금붙이로 조성된 불상이든 허공이든 정성이 사무쳐야 반응이 오게 마련이다.

그런데 부처님께 제물을 차려 올리고 기도를 해서 올리면, 중단을 거쳐 하단(영단)으로 내린 다음 제를 지내게 된다. 그 절은 지장단에서 제를 올리기에 지장단에 내려갔던 과일이 다시 상단으로 올라가서는 안 되는 것이다.

제를 끝내고 사람들이 다 내려가고 뒷정리를 하다 보니, 공양주가 과일을 정리하더니 박스에 담아 과일 창고로 옮겨가려고 했다. 그래서 물으니 나중에 다시 쓴다 했다. 기막힌 말이었다.

어이가 없어서 주지에게 말했더니 뭘 그런 거 가지고 마음에 두느냐고 오히려 나를 질책하였다. 그런 사실을 이미 알고 있음에도 대수롭지 않게 여기는 태도를 보여서 황당했다. 절 사무장이나 처사들이 금전 관리와 절 운영을 하다 보니(주지는 거의 절에 없다) 불당을 맡아서 일하는 부전 알기를 개똥으로 취급했다.

주지는 해당 사찰에서 무소불위의 권력을 가지고 있다고 봐야 한다. 세속으로 말하면 갑질을 하는 것이다. 모름지기 어떤 행위를 하려면 이유와 절차가 반드시 있어야 한다. 하지만 그런 과정 없이 승려가 같은 승려를 쫓아내는 일이 부지기수다.

몇 년 전에 단신 기사 하나를 봤는데 절에 불을 지른 사건이 발생했고, 범인인 승려가 3년 형을 받고 청송감호소에 수감되어 있다는 내용이었다. 나도 불을 지르고 싶은 마음은 있었으나 그러지는 않고 참아냈다.

처음으로 돌아가서 내가 가장 힘든 부분은 계율 지키기도 아니고, 생활도 아니었으며, 대인관계도 아니었다. 법회 때 사홍서원 의식을 하면서

'중생을 다 건지오리다'라고 말한다. 그런데 나는 무엇을 하고 있나?
주지가 오너라면 나는 노동자이니, 주지가 요구하는 대로 해 주고 돈
만 받으면 된다고? 이런 황당한……. 신도들이 베푸는 돈으로 먹고 자
고 생활을 누리기에 그에 대한 대가를 치러야 한다는 것도 아니다. 이
런 치졸한 발상을 한다면 수행자가 아니라 거래소의 직원일 뿐이다.
나는 진정 신도들에게 기쁨을 주고 싶었다. 내 능력으로 기쁨을 주고
행복한 마음을 이입시키고 싶었다. 나는 행복한 마음으로 살았으니까.
그런데 목탁노동자는 신도들에게 설법할 수가 없다. 주지가 싫어하니
까. 자신보다 나은 점이 있으면 싫어하니까 내가 할 수 있는 게 없다.
죽어라고 목탁이 깨지라고 기도하는 것 외엔 할 수 있는 게 없다. 그
래서 창원에 있을 때 불교역사 교실을 열었다. 박훈 변호사가 세미나
실을 이용하게 해서 사용하게 됐는데, 처음 강의는 몇 명 오지 않았다.
계속하려 했는데 벌써 주지 귀로 말이 들어갔다. 인상이 틀려지고 나
를 대하는 태도도 달라지는 것을 보고 알았다. 다른 이유가 없으니까.
처음에 상의를 한 것이 아니기에 내가 터놓고 말하기가 싫었다. 주지
성격을 아니까. 내가 패를 까면 공격해 들어올 게 뻔하니까. 그래서 덮
었다. 생활과 타협한 것이다. 또다시 다른 절을 알아봐야 하기에…….
사람은 보람으로 산다고 할 수 있다. 배가 고파도 성취감이 일어나면
어려운 조건도 견뎌낼 수 있다. 하지만 아무런 성취감도 없는 삶에서
먹는 밥은 밥이 아닌 모래다. 그래서 한국을 떠났다.

2015년 12월 13일

부정선거사범 박근혜는 법의 심판을 받아라!

우리가 민주주의를 하자는 것은 정치적 수사이거나 이념에 관한 문제가 아니다. 30여 억 년 전부터 진행되어 온 진보와 진화를 계속 이어가는 행위로서의 인간의 삶을 말하는 것이다.

인간이 퇴행을 하는 것은 인류역사에 도움이 되지 않을 뿐더러 자국민에게 심각한 오류를 인식시킨다는 죄과를 스스로 만드는 행위이다. 한국은 퇴행을 거듭하고 있다.

60년대를 지나서, 문명시대를 거슬러 올라가서, 야만의 시간에 도달하려 하고 있다. 대다수의 국민은 이를 깊이 인지하고 있기에 저항하는 것이며, 그것이 진보한 사회를 만드는 몸부림인 것이다.

부정 선거로 인해 한국사회는 60년대로 회귀한 듯 보이지만 시민들은 진보한 자유 의식이 가슴 깊이 심어져 있기에 60년대로 결코 돌아갈 수 없으며 원시 사회로 환원될 수 없다. 한 명의 엉터리 사기꾼의 권력침탈로 계속 진행되어야 할 인간의 진화가 멈추지는 않는다.

우리는 계속 진화되어야 한다. 사회든 개인이든……. 퇴행인간. 부정선거사범 박근혜는 권력에서 물러나고 법의 심판을 받아라!

2015년 12월 14일

내가 사랑하는 세상

내가 사랑한 세상.

내가 꿈꾸는 세상.

툇마루에서 조는 노인의 그늘 속에 아이의 엷은 미소.

지친 노동에서 돌아와 고등어자반 꾸러미 흔드는 아비, 그 모습 바라

보며 웃음 짓는 지어미.

먼 나그네 길에서 암자로 돌아가던 탁발승의 어깨 너머로 들려오는 도

란거리는 가족들의 화음.

그것이 내가 사랑하는 세상이었다.

2015년 12월 22일

혼자 있는 시간

타국에 머물며 말이 끊긴 지 6개월.

베트남어, 태국어 그리고 캄보디아어를 듣기만 하였다. 베트남어는 조금 알아듣는데, 태국어와 캄보디아어는 나에게 소리일 뿐이다.

혼자 있는 시간이 전부를 차지하니 스스로에게 말을 거는 시간이 많다.

때론 비도 오지 않는데 혼자서 중얼거린다.

나 자신을 들여다볼 기회가 많아진다.

내가 봤을 때 내 안에 어린 소년이 들어 있는 것 같다.

혼자 있는 시간은 관계가 주는 성숙함은 갖지 못하지만 나를 온전히 차지하기도 하는 복을 누리고 있다.

2015년 12월 24일

화염병을 던졌다

나는 2016년 1월 6일, 외교부 정문에 화염병을 던졌다.

현행법을 말하기 전에 왜 승려가 외교부에 화염병을 던졌나에 대한 논의가 시작되길 바랐다. 기물 파손도 인명 손상도 없었다. 단지 목적은 여론 확대였다.

2016년 2월 1일

화염병을 던졌다

도반 청보에게 보내는 편지

어제 그대의 절을 나와서 편지를 써야겠다고 마음을 다짐했지. 이 편지를 보내게 될지 묻어버릴지는 결정하지 못했지만 내 입장 정리와 내 취지는 밝혀야 마땅하다 생각되었어.

나에게 주어진 과제도 있고 내 삶도 정리해야 되는 처지에 한가로이 편지를 쓸 이유는 적겠지만 그래도 해야 된다고 생각했어. 그것이 도반에 대한 예의이고 의리라고 생각하네. 우리는 지난 30여 년을 끊기듯이 이어져 왔기에 그 또한 정당하다고 보네.

어제 미얀마에서 온 스님과 저녁식사 자리에서 청보 스님은 법에 대해서 논쟁을 벌였지. 그러면서 청보는 미얀마에서 온 진원 스님의 살림살이를 다 보았다고 했소. 두 사람이 벌인 논쟁에 내가 끼어들고 싶지는 않았는데 내가 던진 기도 영험에 대해 청보는 무시하는 투로 말했소. 아미타불 서방정토를 발원한 사람이 어찌 기도영험을 무시한단 말인지, 자신의 도가 그리 높아서인가?

그렇다면 내가 묻고자 하는데 그 오만함의 근거가 자신의 도가 높아서인가? 원효를 추앙하면서 원효의 민중사랑은 어찌 생각조차 언급조차 없는가? 스님이 기도를 열심히 하고 있고 그 도량에서 기를 받았다는 증거는 내가 간파하였지만, 스님이 40년 가까이 절에 살면서 민중에 사랑을 내보인 적도 표현한 바도 없으니 나 또한 청보 스님의 민중 사랑을 알지 못하네. 민중 사랑을 외면하고는 원효의 마음과 행동을 알지 못하는 것이며, 정토신앙하고는 멀지 않겠는가.

그대가 알다시피 나는 적어도 십수 년 간은 민중을 사랑하기 위해 혼신으로 살아왔어. 스님은 길바닥에서 잠을 청한 적이 있던가? 어린 생명들을 수장시킨 비통한 현실을 통곡하며 기도를 해 보았는가? 시주에게 되도록 빚을 지지 않기 위해서 애를 써 보았는가? 이러한 마음이 없었다면 원효도 서방정토도 그대 것이 될 수 없소.

내가 자네에게 이런 말을 하지 않으면 그대는 오만함에 갇혀서 살게 될 것이며 그러한 무공덕을 쌓게 될 것이기에 그대가 불쾌할 것을 염두에 두면서도 하지 않을 수 없소.

청보 자네는 나를 떠돌이별에 지나지 않는, 어찌 보면 방랑자 같은 승려로 볼 것이고, 자네는 절에 안착한 붙박이 수행자로서 자신을 정답으로 여길 것이오. 그러나 내가 느낀 것은 청보 스님의 우주는 법기사라는 도량 공간에서 벗어나지 못할 것이며, 그대가 말하는 중생이나 민중은 자신을 따르는 신도에 국한되어 있음을 나는 보았네.

이제 자네도 60에 가깝고 회향할 시기가 점점 다가올 나이이니 진정 자신의 길이 우주적인 길이었나, 깊이 생각하기 바라네. 나는 어느 골이나 어느 기슭 또는 물가에서 머물다가 우주 속으로 돌아갈 것이니 돌아가는 장소야 어딘들 문제가 될까.

이틀간 머물게 해 주어서 고맙네. 하지만 나에게 도끼질은 무리였어. 몸살이 났다네……. 총총…….

2016년 3월 26일

비구 대처의 문제

불교는 출가라는 독특한 과정을 통해 승단을 형성하는 종교이다. 따라서 승려는 출가라는 홀로된 삶을 스스로 선택한 결과물이다. 반세기도 넘은 비구 대처 문제는 해묵은 과제이고 낡은 시대의 이슈 같기도 하다. 하지만 인간의 기본 문제인 성욕과 외로움이라는 측면으로 보자면 앞으로도 계속될 논쟁이기도 하다.

한국불교는 계율이 심각하게 훼손되어 있다. 큰 문제는 돈과 성욕이고 이것은 법(다르마)을 잃은 데서 오는 현상이다. 법을 잃으면 많은 것이, 아니 대부분이 허물어진다. 자신을 지키는 것도 법이며, 자신을 일으켜 세우는 것도 법이기 때문이다.

승가를 보면 겉으로는 비구인 독신승을 옳다고 말하지만 내적으로 대처를 하거나 대처를 하려 하거나 장차 대처를 할 가능성을 내포하고 있다. 승려가 세속적으로 보면 별 부가가치가 없는 존재일 수 있으나 그 승려가 돈을 많이 가지고 있다면 여성들로부터 많은 구매력을 일으키는 것이 사실이다. 돈이 최고인 흐름으로 가고 있는 세상에서 그 여성들을 비난할 수만은 없다. 비난받아야 한다면 승려들일 것이다.

외로움의 측면에서 보자면 죽음에 이르기까지 끈질기게 쫓아다니는 것이 외로움일 것이다. 그렇다고 출가승이 그 외로움을 해결하고자 취처를 한다는 것은 온당치 못하다. 외로움은 인간의 근원적인 결핍이기 때문이다.

취처를 해서 대처승이 되는 승려는 독신승의 불안정과 무책임감으로 인한 사회적 불안, 위험을 지적하고 있다. 정확한 통계는 나와 있지 않지만 반드시 독신승들이 사회에 더 많은 물의를 일으키고 위험요소를 갖고 있다고 단언할 수 있는가? 그 사실 여부를 떠나 독신은 출가의 선택이 아닌 필수가 아닐까?

그 이유는 사찰 경제의 절대가 시주에 의존하고 있기 때문이다. 일부 다른 경제력을 취득한다 해도 승가는 신도에 의해 유지된다. 그런 구조 속에서 신도들에게 승려가 아닌 그 승려의 여자까지 부양해야 할 책임이나 이유는 없기 때문이다. 그런 이유로 시주를 하지 않는 것이다.

시주를 받는 승려는 시주를 뼈아프게 받아들여야 한다. 그들의 땀과 눈물을 시주 돈에서 읽어야 비로소 수행자로 사는 것이리.

2016년 3월 27일

컵라면

구백 원 혹은 천 원

때론 한 끼의 식사가 되고

혹은 하루의 양식이 되어

남루한 하루를 여민다.

따스한 컵라면만도 못한 세상살이.

열정은 넘쳐나나 가슴을 덮어 주지 못하는 정치.

선거철이다.

좋아하지 않으면서 억지웃음 짓는 선전원의 미소.

그 미소 배면에 차디찬 정치적 속셈들.

너희들의 미소보다 따스한 컵라면이 더 좋다.

2016년 4월 5일

세월호 학살을 보며

세월호 학살이 일어나고 나는 참담함을 숨길 수 없었다.

진도 팽목항에 가서 기도를 하고 학생들이 구조되기를 간절히 기도했건만, 그 날 이후로 구조된 사람은 없었다.

나는 자식을 낳아 본 경험은 전무하지만 그 아이들이 내 자식만 같아서 식음을 전폐하고 예불을 하기 위해 저녁 종을 치면서 울었다.

최고의 가치로 굳게 믿어 온 불교의 가치, 최고의 덕목이라는 종교의 의미가 한꺼번에 무너져 내렸다.

내가 단 한 명도 구하지 못했다는 절망. 아이들을 구해 낸 의인들.

그들을 생각하면 부끄러워 고개를 들고 다니지 못했다.

부정선거로 느꼈던 분노감보다 몇 십 배 더 했던 절망감. 나 자신의 한계와 무력감을 느꼈다. 이대로 있다가는 죽을 것 같았다.

더러운 권력을 무너뜨리지 못하면서 자진해서 죽을 수도 없는 절박감을 안고 한국을 떠나 베트남으로 갔다. 베트남에서 시커먼 강물 속으로 뛰어들고 싶었다. 그러나 하지 못했다.

박근혜가 매국적 행동을 했다. 일본 종군 위안부 합의. 그럼에도 국민들은 별 저항을 하지 않았다.

2016년 4월 16일

신회심곡(新回心曲)

여보시오 시민님들, 이내 말 좀 들어보소.

이 땅이란 고대 이래 만여 년을 살아온 터 헤아릴 수 없는 전쟁, 빼앗기고 다시 찾고 찾은 이 땅. 이 땅에는 그 후손들이 이어왔소. 그 사람들 한국시민 시민이란 말이로다. 인간이란 우주생명 땅에 생명 부모정혈 모두 받아 이내 목숨 생겼다오. 우주에서 하나뿐인 나의생명 고귀하고 귀하도다. 그럼에도 이 땅에서 살아가는 백성들은 선량하기 그지없고 어리석기 한량없다. 정부수립 이전세월 거론하지 않더라도 이승만과 박정희로 죽은 백성 수백만이 넘고 넘어 한스럽기 끝이 없다. 부정선거 권력탈취 했음에도 시민들은 모르도다. 가짜대통 큰 칼 차고 백성들을 탄압하네. 아이고오 원통하고 원통하다. 나무아미타불
〈후렴 다 같이〉 가세 가세 어서 가세 통일세상 함께 가세.

가짜권력 서민들에 주머니를 찢고 찢어 무슨 세금탈취 전세 값은 천정부지 밀고 밀려 갈 곳 없네. 갈 곳이란 저승세상 그곳에는 돈 없어도 살 수 있나. 자살률이 세계 1위 할게 없어 자살률로 1위하나? 아이고오 원통하고 원통하다. 나무아미타불
〈후렴 다 같이〉 가세 가세 어서 가세 통일세상 함께 가세.

민주열사 통일열사 그들 한을 풀어주세. 그들 한은 이 세상이 매국노
들 처단하고 바른 세상 정의세상 통일세상 여는 날이 풀리는 날. 우리
들이 풀어주세. 아이고오 원통하고 원통하다 나무아미타불
〈후렴 다 같이〉 가세 가세 어서 가세 통일세상 함께 가세

인간이란 하늘에다 머리 두고 사는 존재 그럼에도 인간 못된 짐승들이
갑질하는 한국나라. 비정규직 양산하여 재벌들이 배불리고 하는 짓은
백성고혈 짜내는 것. 이제 이제 더 이상은 못 참겠다. 일어나세 일어나
자. 아이고오 원통하고 원통하다. 나무아미타불
〈후렴 다 같이〉 가세 가세 어서 가세 통일세상 함께 가세

한반도는 이십이만 제곱킬로 대한민국 구만구천 제곱킬로 이 땅에는 조
선사람 주인으로 살건 만은 미국 놈들 제 땅인 양 38선을 그어놓고 네
편 내편 갈라놓고 전쟁무기 팔아먹고 제배때기 살찌우니 이내백성 노예
노릇 머슴노릇 등때기가 휘는구나. 배창자가 쫄아 드네. 그 바람에 등골
살을 빼어먹는 위정자들 대기업들 마구마구 방망이를 휘두르니 죽는 것
은 서민이여 노동자며 농민일세. 아이고오 원통하고 원통하다. 나무아미
타불
〈후렴 다 같이〉 가세 가세 어서 가세 통일세상 함께 가세

안되겠다 안되겠어 미국 놈들 일본 놈들 매국노들 매판자본 몰아내고

바로잡아 이 나라를 함께 사는 평등세상 만들어서 너도나도 차별 없이
저 중생들 고통 해소 주름살을 펴 보이세 굽은 허리 곧추세워 어화둥
둥 어깨동무 덩실덩실 춤을 추세
〈후렴 다 같이〉 가세 가세 어서 가세 통일세상 함께 가세

2016년 6월 23일

쯥반 스 느 이

처음 외국으로 떠나 살 생각을 한 것은 세월호의 비극이 발단입니다. 그리고 다시 베트남으로 가게 된 것은 2년이라는 긴 시간의 보호관찰 때문이었습니다. "거주지를 방문확인 하겠다."하고 "작은 사건이 생겨도 다시 교도소에 갇히게 된다."는 보호관찰소 직원의 말은 괜한 엄포가 아닐 것입니다.

설령 사건을 저지르지 않더라도, 사회불안을 발생시킬 위험이 있다고 그들이 판단한다면 검찰을 동원해서 언제든지 잡아들일 수 있기 때문입니다. 실형보다 더 힘든 것이 보호관찰입니다.

그동안 많은 분들이 노력해 주시고 나 자신도 정착을 해 보려고 하였으나 정착하지 못하고 다시 베트남으로 떠나옵니다. 베트남에 대한 생각은 탁발을 해서 생활을 이어가고 남은 돈으로 비자 비용을 감당하자는 생각이었습니다. 그렇게 버티다 버티다 안 되면 그 때 근원으로 돌아가자는 생각이었는데 처음부터 난관이 생겼습니다. 재판이 3개월이나 걸리다 보니 찜질방, 노숙 등을 해도 생활비가 많이 들어서 더 이상 동생에게 손을 내밀 수 없게 됐습니다. 결국 동생이 마련해 준 항공료로 간신히 베트남으로 왔습니다.

베트남에 그동안 피시방이 많이 생겼는데, 한글 자판이 안 되어서 여러 군데를 돌아다녀야 했습니다. 베트남에서의 탁발은 비교적 잘 되는 편입니다. 나는 탁발에서 베트남 인민의 심성과 생활을 엿볼 수 있었습니다.

결론적으로 말하자면 참 심성이 좋다고 말할 수 있지요, 무엇보다도 돈의 노예로 살고 있지 않다는 판단입니다. 더워서 금방 지치지만 오전 네 시간 오후 네 시간 이렇게 걸어 다녔습니다.

시선을 외면하거나 고개를 흔드는 상점주인도 있었지만 상당수는 호의적입니다. 외국 승려라는 것을 알아봤을 때 놀라워하기도 했지만 심한 편견은 내비치지 않았습니다.

오토바이를 몰고 가다 세우고 시주하던 여성, 멀리서 뛰어오던 아이, 빵 한 덩이를 발우에 넣거나 만 동을 넣으며 쑥스러워 하던 사람들의 모습이 떠오릅니다. 선뜻 만 동을 시주한 오토바이택시 기사님, 저는 정말 정성으로 염불을 외우며 잘 되기 바랐습니다.

"쭙 반 스 느 이"

원하는 것이 이루어지기를 바라는 베트남어입니다. 무엇보다도 감동적인 일은 오토바이를 타고 와서 땅바닥에 엎드려 큰 절 세 번을 하고 손자인 듯한 아이에게도 절을 시키던 여성의 표정입니다. 모지리 못난 저에게 절을 하고 어찌 그리 즐거워한단 말입니까? 그 여인의 심성이겠죠.

한국에 돌아가도 절망이지만 결자해지는 잊지 말아야겠습니다. 저는 세월호 이전에는 승려의 사회적 역할에 대해 갈등하고는 있었지만 제 삶을 송두리째 도려내지는 않고 속으로 앓고 살아왔습니다. 박근혜는 적어도 제게 악마입니다. 악마의 손길이 제 목줄을 죄고 있습니다. 보호관찰이 아니면 구걸을 해서라도 생존하며 투쟁하겠는데 …….

제가 승려가 아니라도 저에게 호의를 베풀었을지 모르지만 베트남 인민들의 삶은 가난할지언정 한국인의 찌들은 삶보다는 나은 것 같더군요.

설령 제가 잘못되더라도 너그러이 용서하시기를 부탁드립니다. 제 불행은 근원적으로 박근혜와 더러운 피를 가진 권력으로부터 비롯되었음을 분명히 합니다. 이 말은 남 탓을 하거나 제 자신의 결함을 돌리기 위한 변명이 아님을 분명히 밝힙니다.

사랑합니다.

저와 함께 지내온 분들과 인연 있는 분들께 사랑과 죄송한 마음을 남깁니다. 근원자리로 돌아가는 방법이야 많지만 어쩔 수 없는 방법도 있음을 이해 바랍니다.

2016년 7월 20일

초심자에게 술은 독입니다.

흔히 처처불상 사사불공 處處佛像 事事佛供이란 말을 씁니다. 그러나 내공이 들어차 있지 않은 사람에겐 일은 일이고 놀이는 놀이일 뿐입니다. 특히 초심자에겐 그런 말을 해서는 안 됩니다. 초심자에겐 술 마시는 행위가 술 마시는 행위이지 내공이 쌓이지 않습니다. 내공인에겐 술이 물이지만 초심자에게 술은 독입니다.

언어란 그 상황에 맞게 그 사람의 수준에 맞게 사용해야 합니다.

2016년 9월 30일

지하철에서 만남

지하철에서 한 스님과 우연히 만났습니다. 2008년 광우병 촛불 1인 시위할 때 조계종 총무원 건물 지하식당에서 끼니를 해결했는데 그때 객승이던 나와 논쟁을 벌이던 스님이었고, 승려의 사회참여에 대해 나에게 반론을 제기했었습니다. 제가 유별나다는 것이었습니다. 그래서 저는 생사를 초월한다는 승려가 뭐에 걸려서 세상 고통을 모른체 하냐고 했었습니다.

근황을 물으니 "선방에 다녀요. 해제철이지 않습니까. 그래서 세상구경 나왔습니다." 하더군요. 승려가 세상 참 편하게 산다 싶었습니다. 저도 역사를 모르고 한반도의 현실과 민중의 고통을 등지고 살았을 때는 저도 그렇게 살았을 겁니다.

"그대들이여! 붓다인 내가 잘못한 것이 있다면 서슴지 말고 논의를 벌이라."

어느 경전에서 보았던 대목입니다. 비판이 사라진 한국불교. 스승과 제자, 사형과 사제, 한 문중 내의 결속……. 이런 것들로 얽혀져 좋은 취지를 가진 승려는 제 뜻을 펴지 못하고 있습니다. 이런 분위기에서 바른 사회참여는 기대하기 어렵겠죠.

제가 다녀 본 동남아의 승려들은 일면 한국 승려보다 잘 살고 있습니다. 수행 면에서 결코 뒤지지 않고요.

2016년 10월 27일

승려 시국선언문

대한민국 승려의 시국선언을 선포합니다.

불교의 승려들은 산중을 벗어나 나라의 위중한 시국을 직시하고 사회와 승가는 한 몸이라는 것을 깨닫고 행동합니다.

《화엄경》 말씀에 따라 일체에 모든 사물과 인간은 인타라망因陀羅網으로 얽혀 있어서 한 올도 벗어나지 못함을 숙지하고 탄압받는 민중을 구하기 위하여 떨쳐 일어났습니다.

박근혜와 최순실은 이 나라를 도륙하고 파탄지경에 이르게 만들었으며, 한일 군사협정이라는 매국으로 몰아가고 있습니다.

조선시대의 사명대사는 "왜구가 쳐들어와 백성이 도륙당하고 있으니 부처님의 자비로써 백성을 구하자."고 하였는데 그 자비심으로 오늘날의 민중을 구해야 합니다.

그것이 시주자인 민중의 시은에 보답하는 것이며, 이 나라의 미래를 열어나가는 희망인 것입니다.

우리 승려들은 청와대를 에워싸고 목탁, 징, 북 등을 두들겨서 요사스러운 여귀를 몰아냅시다.

승려들은 다음과 같이 선언합니다.

1. 박근혜는 당장, 퇴진을 선언하라!
2. 박근혜는 모든 업무를 중단하고 대기하라!

3. 야당은 박근혜 권력을 인수하고 강력한 국무총리를 세워라!

4. 시민사회단체는 청와대를 강하게 압박하라!

5. 모든 종교단체들은 박근혜 타도에 들어가라!

6. 새로운 시민 혁명정부를 세워라!

이런 주장이 실현되지 않으면 생명이 다하는 순간까지 마지막 세포가 소멸하는 순간까지 민중을 사랑하는 마음으로 혈투를 해나갈 것이다.

2016년 11월 17일

대한민국 승려 일동

※ 불교계 시국선언이 없어서 자발적 시국선언을 했습니다.

국민의 명령이다!

제가 좋아하는 건 여행이고, 한 때는 책 읽는 것, 음악 듣는 것 좋아했고, 노래 부르는 것도 좋아했습니다.

18번은 정태춘의 〈떠나가는 배〉, 최성수의 〈동행〉입니다.

가장 바라는 것은 한국에서 매국노와 외세에 의존하여 이익을 취하는 자, 함께 살기를 거부하는 재벌과 1%들을 싸그리 청소하고 서민대중이 함께 잘 사는 세상을 만드는 일입니다.

그것이 부처님이 말씀하신 평등세상으로 가는 길입니다.

박근혜는 당장 직무정지하고 민중의 심판을 받아라. 국민의 명령이다.

2016년 11월 18일

민중

나는 너를 몰랐다
너가 나의 사랑인 것을
내 안에 갇혀 산 수많은 세월

하늘과 땅은 나를 잠에서 깨웠다
그리고 나를 너에게
짝지어 주었다

하지만 아직도
너에 대한 사랑은 완성되지 않았다
겨우 시작되었을 뿐이다
뜨겁게 뜨겁게
타오를 것이다
활화산처럼
그렇게 완성될 것이다

2016년 11월 21일

소신공양을 고심

저는 소신공양을 절박하게 고심할 정도로 시국상황을 곱씹으며
전의를 가다듬고 있습니다.
이제 저는 감옥을 가든
경찰에 폭행을 당하든
정면 대결 하겠습니다.
박근혜를 체포하자.

2016년 12월 1일

탄핵은 시작에 불과

어제 집회에서 크게 느낀 것은 인식의 문제입니다. 늘상 느껴온 점도 있지만 사람들은 집회의 성격을 제대로 파악하고 있지 않습니다. 현 상황을 박근혜 퇴진으로 보고 말하지만 몸과 행동은 다른 뜻을 표현하고 있더군요.

지도부(어떤 지도부이든)의 지시나 행동에 따르려는 상당수의 사람들. 그들 내면에는 새로운 굴종이 자리 잡고 있는 건 아닌지? 무엇하러 경찰 대치점에 섰는지? 그 대치점에서 어떻게 행동해야 하는지를 모른 채 공간만 점령하고 있던 사람들입니다. 정말 박근혜에게 직접 항의하고 싶었던 사람들을 막아서고 만 결과를 낳았습니다.

방송차는 또 하나의 권력입니다. 자신들의 입맛에 맞지 않는 사람은 무대 위로 올려 보내지 않습니다. 소수의 사람들은 대다수의 군중을 메가폰 한 두 대 만으로는 휘어잡을 수 없습니다.

비폭력을 외치던 무리들의 정체가 뭘까요? 제가 파악하기로는 반대 측 사람도 분명히 있지만 비폭력의 정의를 내면으로부터 정립하지 못한 채 타인이 설정해 놓은 프레임을 수용한 것은 아닐지…….

탄핵이 가결된다 하더라도 시작에 불과한 것인데 이런 문제들을 풀지 못한 채 사건이 해소된 상태에서 일상으로 돌아가게 된다면, 결국 또 다른 광장의 오류를 만들어 낼 것이라는 우려가 생깁니다. 전쟁 상황을 놀이 상황으로 인식하는 한 쉽지 않은 싸움입니다.

이 인식의 전환은 누가 강요해서 될 문제가 아니라 내면의 변화가 이루어져야 가능합니다.

광장의 문제가 곧 인식의 문제이며, 현장의 문제입니다.

이 문제를 풀어야 박근혜라는 산을 넘어 계급 차별, 소유 차별을 타파할 수 있습니다. 그래야 이 나라가 온전하고 정의로운 나라로 가는 길목을 확보하는 것이라 믿습니다.

온, 오프 모든 분들이 고생하셨습니다.

2016년 12월 4일

소탐대실

시청 한쪽에 차려진 조계종 한전 부지 인수를 위한 정진 법당. 목탁
소리가 들려서 가 보았으나 안을 들여다보고 싶지도 않다. 소탐대실小貪
大失. 지금이 어느 때인가? 온 국민이 안간힘으로 부당한 권력과 싸우
고 있지 않은가? 조계종의 이익만 따질 때인가? 이래서 불교는 제 역
할을 못하고 민중으로부터 외면당하는 것이다. 할!

2016년 12월 24일

승가는 붓다의 탁발수행 초기 사상으로 돌아가라

승가는 수행을 기반으로 민중의 고통을 직시하고 구조적 모순 해결에 나서라.

승가는 붓다의 탁발수행 초기 사상으로 돌아가라.

촛불민중은 현재 한국의 모든 모순을 혁파하고 환골탈태할 수 있는 절호의 기회임을 깨닫고 행동하자.

이승만, 박정희, 전두환, 노태우, 이명박, 박근혜는 매국노로서 권력을 탈취했으므로 권력의 정당성을 담보할 수 없음을 확고히 한다.

촛불민중은 반드시 승리하여 4·19 혁명, 6월 항쟁, 5·18 항쟁, 11·14 민중대회의 혁명 의지를 계승한다.

향후 반민주적 제도와 구조를 완전히 제거하여 민중의 의지가 속속들이 반영되어 반민주적 적폐를 도려내는 조직적인 행동이 필요하다.

2016년 12월 24일

종을 치며 나를 쳤다

김제동 만민공동회에서 여러 차례 발언권을 얻으려 했으나 기회를 얻지 못했다.

종교색을 드러낼까 해서 그런 건가? 내가 하려던 것은 두 가지 화답 시로 세월호 사건을 주제로 한 시와 정권은 부정선거로 권력을 탈취한 권력 초기부터 정권을 만들 수 없는 무정란이었다는 것을 밝히는 시였다.

종을 치며 나를 쳤다.

나를 때리면서 종을 쳤다.

우우웅

하데스의 강이 아무리 깊고 험해도 맹골수도만 하랴

나의 눈물이 바다로 흘러 너희들의 고통을 씻어줄 수만 있다면

그럴 수만 있다면

2016년 12월 25일

하나의 꽃

하나의 꽃이 떨어져 수 만의 열매를 맺는다면 떨어진 꽃은 하나가 아
니리.

2016년 12월 25일

세월호 이후 화엄법계 깨우쳐

-법성게 14강

여기 실린 법문은 정원 스님이 2015년(6월 11일~7월 5일)에 하신 법성게 강의 자료를 모은 것이다.

1강. 법성과 DNA 본체

법성이란 무엇이냐? 이 법성을 알면 불교를 다 안다고 할 수 있습니다.

法性圓融無二相　諸法不動本來寂

법성게는 신라 의상대사가 《화엄경》에 대한 깨달음을 그림으로 완성한 것입니다. 법성을 다른 말로 하면 부처이고, 본래면목 본래의 자리이며 과학으로 말하자면 DNA 본체입니다. DNA 본체는 다른 말로 하면 메모리칩에 해당할 수 있습니다. 칩에는 수많은 정보가 담겨져 있습니다. 그 정보들은 없어지기도 하고 다시 입력되기도 합니다. 그렇지만 칩은 없어지지 않습니다.

칩이라는 DNA는 살아있는 우리 내부 깊숙한 곳에 숨겨져 있습니다. 그것을 불교에서는 불성이라 합니다. 살아서는 그것을 감지하기가 어렵고 드러나지 않지만 죽게 되면 나타나는 구조로 되어 있습니다. 왜 그런가? 외피에 해당되는 몸이나 다른 현상들, 옷, 여러 사물들에 둘러싸여있고 그것에 매혹되어 있기 때문입니다. 이 DNA의 본질은 사라지지 않습니다. 불생불멸이니까요. 과학이 이 부분까지 밝혀내고 있습니다. 도킨스라는 진화 생물학자가 《이기적 유전자》라는 책에서 밝히고 있습니다. 이 DNA는 나선형으로 되어 있으며 2쌍의 46개의 염색체를 가지고 있다고 되어있습니다. 나는 이 책을 읽고 도킨스라는 생물학자가 참으로 대단하다고 생각되더군요. 석가모니가 말한 불성佛性을 이렇게 구체적으로 증명한 사람은 처음이 아닐까 합니다.

법성이 원융(어그러진 데가 없이 원만한)하다는 것은 단순히 둥그렇거나 보름달처럼 생겼다는 말이 아닙니다. 나선형 모양의 DNA가 완벽한 상태가 아니라는 것입니다. 완벽하지 않기에 수많게 변화된 인자로 거듭날 수 있다는 것입니다. DNA는 부모로부터 물려받는 것도 있지만 고유한 자기 인자도 있고 새로 첨가된 인자도 있는 것입니다. 그렇기에 DNA는 고정된 것이 아니기에 깨질 수 없이 변화되어서 새로운 형태의 생명을 만들어 냅니다.

제가 한국에서 태어났지만 제 DNA 속에는 과거 생에 아프리카에서 살았던 흔적도 있을지 모르고 수십억 년 전에 미생물이나 개미로부터 진화된 다른 생명체의 인자를 포함하고 있을 것입니다. '완벽한 상태가 아니기에 수없이 변화할 수 있고 그것을 원융하다, 원만하다'라고 표현하는 것입니다. 고정되었다면 원융이 아닙니다. 무이상은 '두 개의 상이 아니다' 라는 말입니다. DNA 본체는 하나입니다. 하나씩 가지고 있습니다. 그 안에 염기서열은 다르지만(돌연변이 염색체도 있고 정상 염색체도 있듯이) 본체는 하나라는 말입니다. 두 개의 DNA를 가지고 있다면 그것들이 서로 충동하여 생명체를 만들어 낼 수 없는 것이죠.

제법부동이란 모든 법은 움직이지 않는다는 뜻입니다. 제법이 무엇일까요? 저는 생명 원리라고 봅니다. 생명체는 다르지만 생명 원리는 하나라는 말입니다. 생명을 만들어내는 원리. 우리가 인간으로 태어난 구조는 하나의 구조로 해서 만들어진다는 말입니다. DNA 만으로는 생명으로 불리기에는 구체적이지 않습니다. 생명을 가지려면 욕망이 있어야 합니다. 욕망이 알파며 오메가입니다. 욕망이 없다면 어떤 생명체도 만들어질 수 없습니다. 불교에서 욕망을 버리라는 말은 본래의 자리로 돌아가라는 말입니다. 욕망은 조절할 수 있으나 버릴 수 있는 것이 아닙니다. 죽어도 버려지는 것이 아니라 근원자리로 돌아가면 잠잠해지는 것이 욕망입니다. 그 근원자리가 제법입니다. 그것은 움직이지 않는다는 것이죠. 움직이지 않는다는 것은 불법, 즉 변하지 않는다는 것입니다.

본래적이란 제법은 본래 고요하다는 것입니다. DNA 내부에 있는 핵은 고요합니다. 어떤 움직임도 없습니다. 우주의 주변은 천변만화千變萬化가 일어나서 혜성끼리 충돌하고 별들이 나타나고 사라지고 상상할 수 없는 변화들이 일어나지만 우주 중심축은 주검처럼 정지되어 있고 고요합니다. 이 자리가 바로 적멸의 자리이며 생명의 본체인 것입니다. 어렵나요? 우리 보통사람들은 과학에 대한 깊은 인식도 없고 철학도 부족하기에 알기가 어려운 것입니다. 궁금하면 질문하시기 바랍니다.

2-1강. 연기와 내 몸 안의 우주

이름도 모습도 없고 일체가 끊겼으니 오직 깨친 지혜로만 알 수 있을 뿐이다.

無名無相絶一切 證智所知非餘境

무명무상, 이름도 없고 형상이 없다는 것이 무엇일까요? 분명 있는데 없다고 한 이유는 무엇일까요? 옛날 중국의 어느 선사는 반야심경을 읽다가 무안이비설신의無眼耳鼻舌身意 대목에서 자신의 코를 잡아당기며 "여기 있는데 왜 없냐?"고 외치다가 그 이치를 깨달았다고 합니다.

가장 먼저 이름 명(귀천, 신분 등 외형적 가치를 나타내는)을 따져 봅시다. 이름이란 무엇일까요? 언제부터 생겼을까요? 제 이름을 말해봅니다. 정원正願 바를 정에 바랄 원인 정원은 제가 출가해서 받은 법명法名입니다. 출가하기 전에는 다른 이름으로 불렸죠. 그러니까 출가하기 전에는 없는 이름이죠. 그러니까 인위로 만들어진 이름이라는 것입니다. 철학이나 종교는 항상 현상보다 근원에 맞춰져 있습니다. 현상을 말해도 그 현상의 출발점이 어디냐고 따지게 되고 그 자리에서 출발하고 돌아오는 원리를 말합니다. 다시 말하면 정원이란 이름은 없는 것이나 다름없다는 말입니다.

그럼 그 이전에 이름이 있는데 그 이름 역시 이 세상에 출생해서 붙여진 이름이지 지구상에 인간이 처음 출현해서 생겨난 이름은 아닌 것입니다. 그렇기에 없는 것이나 다름없습니다. 근원에서 보면 없는 것이라는 말입니다.

우리 몸이나 형상이란 어떨까요? 어떤 물질이던 물질이 형성되는 시작과 과정 그리고 그 물질이 없어지는 결과가 반드시 있게 마련입니다. 우리 몸도 유전자라고 하는 미세한 생명체가 진화하여 인간이라는 생명체로 세상 밖으로 나오게 되는 것입니다. 이 과정을 설명한 것이 12인연법입니다. 무명無明, 행行, 식識, 명색名色, 육입六入, 촉觸, 수受, 애愛, 취聚, 생生, 노사老死, 유有 이것을 3세 인과라고 말하며 윤회의 한 과정으로 말하고 있습니다. 다른 주장을 하는 사람들은 12연기는 부처님 말씀이 아니라고 내세우고 있으나 납득할 만한 윤회를 말하지 않고 있어서 오히려 설득력이 떨어진다고 할 수 있습니다.

12연기는 무명에서 식까지는 전생이고, 6입부터 노사까지를 현생, 유는 다음 생의 과정이라고 말할 수 있습니다. 무명이라는 것은 어둠이라는 의미이고 아무런 색깔을 입히지 않는 원초성이라고 해야 합니다. 앞서 말한 대로 DNA의 핵에 해당되는 상태이지요. 이 자리는 성인과 평범한 존재로 나뉠 수 있는 씨앗이 내포된 상태라고 말할 수 있습니다. 그 씨앗이 어떻게 발아되어 생명체로 싹을 틔우게 되느냐 하는 문제인데 여기서 종이 나뉘게 된다는 점입니다.

진화 생물학자 리처드 도킨스는 처음 원자가 지구상에서 다세포로 확장되고 미생물에서 고등 생물체로 진화하는 과정에서 곁가지처럼 동물은 다른 방향으로 진화해 나갔다고 말하고 있습니다. 그러나 왜 그렇게 되었는지에 대한 궁금증을 책을 보아서는 풀지 못했어요. 분명

동기가 있을 텐데 나는 읽어내지 못했습니다. 같은 책을 읽은 지인은 나무에 여러 가지가 있는 것처럼 그렇게 갈라져 나왔다고 말하지만 납득이 되지 않았죠. 이것이 아직 풀지 못한 나의 화두입니다.

12연기는 생명이 만들어지는 과정을 단계별로 밝히고 있습니다. 무명은 추측과 가설을 세울 수는 있으되 논리적으로 따져 들어갈 수 없는 세계입니다. 우리가 내 몸 안 깊숙이 있는 유전자를 보지 못하듯이 말입니다. 그런데 붓다인 석가모니는 수백 생 전의 전생을 말하면서 어느 때는 사슴의 왕이었다거나, 구도자로 살아낸 이야기들을 말하고 있습니다. 과학적으로 말하면 메모리칩의 내용물을 심안으로 보고 있다는 말이 됩니다. 어떤 문서와 어떤 영화와 어떤 음악이 저장되어 있다는 식으로 경전에서 아득한 전생을 말하고 있는 것입니다.

저는 내 몸의 관찰을 통해 우리 몸의 구성요소가 지구와 우주의 화합물로 되어있다는 것을 보았고, 나 자신이 우주에서 왔다는 것을 깨달았는데, 내가 안 것은 내 몸 안의 원자를 느꼈다는 정도입니다.(이것에 대한 확인은 과학과 생물학 그리고 도킨스가 해주었습니다) 저는 죽을 수도 있는 힘든 과정을 거쳤는데 그 마지막 시점에서 본 게 내 몸 안의 우주였습니다. 그래서 죽을 수 없었죠. 내가 이 나라를 떠나려고 하는 것도 그 확인을 완성하기 위함인 것입니다. 한국에서는 정치적인 압력에 의해 수행자로 온전히 살아갈 수 없다는 판단에 이른 것입니다. 이 정도로 무명에 대한 설명을 마치겠습니다. 나머지 11개의 대목은 다음 시간에 하겠습니다. 12연기를 설명하지 않고 본문내용으로 넘어갈 수도 있으나 결국 나중에 밝혀야 하기에 거론하는 것입니다.

의상 대사의 '화엄일승법계도'는 법성게를 구도화한 그림입니다. 처음 시작한 곳에서 미로와 같이 돌아가도 결국 한 자리로 돌아오게 되는 원리를 말하고 있죠. 의상 대사는 한국 화엄종의 종주격인 스님으로 신라 진평왕 47년 서기 625년에 지금의 경주에서 출생하였습니다. 김한신의 아들로 되어 있고요. 19살에 출가하여 원효와 벗하게(나이는 원효가 몇 살 많음)되어 당나라로 가기로 하였으나 원효는 중도에서 신라로 돌아가고 의상만이 당으로 갑니다.

당나라로 들어가기 전 유지인이라는 관리의 집에서 유숙하게 되었는데 그의 딸 선묘가 의상에 반하여 신라로 돌아가는 길에 함께 할 것을 청하였으나 의상이 냉정히 거절하자 배에 올라탄 그 앞에서 선묘는 바다에 뛰어 듭니다. 바다에 뛰어들며 용이 되어서라도 의상을 끝까지 지켜주겠다는 서원을 세웁니다. 훗날 의상이 영주 부석사를 창건할 때 도적들이 나타나서 곤란에 처했을 때 거대한 바위를 들어 올려 의상을 구했다고 합니다. 선묘와 의상의 아름다운 사랑이야기는 구도자와 일반인의 가장 이상적인 사랑이야기로 전해지고 있습니다.

의상은 당나라 화엄종주 지엄의 제자가 되어서 《백화도량 발원문》, 《입법계품초기》, 《소아미타의기》 등을 저술합니다. 1746년 부산 범어사 창건사적지에는 문무왕이 의상대사와 함께 7일 밤낮 《화엄경》을 독송하여 왜구를 물리쳤다는 기록이 있습니다.

2-2강. 내 유전인자에 여성 특질 많은듯

12연기법 중에 2번째 행行을 말하고자 합니다. 행은 무명이라는 근원에서 벗어나 최초의 움직임을 갖는 상태를 말합니다. 이것은 생물학에서 유전자 핵(쿼크에 해당하지 않을까 생각합니다)이 세포분열을 일으키는 단계라고 말할 수 있을 것입니다. 아직 욕망이라고 말하기는 빠르나 움직이는 상태임은 분명하다고 말할 수 있을 것입니다. 이 움직임은 미세함에서 점점 속도가 빨라져서 세포의 분열이 최고조에 이르는 단계라고 추측합니다. 이 분열은 마치, 우주가 팽창하면서 쪼개져서 지구가 탄생하는 단계에 해당하지 않을까 조심스레 예상해 봅니다.

이 행으로 말미암아 식識이 발현됩니다. 이전까지는 무의식의 상태라면 이때는 미세한 정신작용이 일어난다고 할 수 있습니다.

다음 단계인 명색名色입니다. 이 부분에서 명은 이름이 아니라 식이 진화된 정신 물질을 말합니다. 물론, 색은 생명으로 잉태되어 갖게 되는 최초의 생명입니다. 단백질 덩어리 같은(《부모은중경》에서는 익혀놓은 우유죽 같다고 말하고 있습니다) 육체는 점점 진화하게 됩니다. 그러면 식이 어떻게 물질을 형성하느냐는 의문에 부딪치게 됩니다. 다른 매개체가 있을까요? 아무리 생각해도 떠오르지가 않습니다.

아주 오래 전에 12연기를 설명하는 책에서 본 기억이 납니다. 태어날 생명과 같은 유전자 코드를 가진 식이 자신의 부모로 태어날 사람들의 섹스 장면을 들여다본다는 것입니다. 그 장면을 보면서 흥분하는

식의 작용이 일어난다고 합니다. 그렇게 되면 어머니의 자궁 속으로 빨려들면서 잉태하게 된다는 말입니다. 이렇게 되면 바로 전의 전생의 일을 까맣게 잊어버린다고 합니다. 그래서 아버지보다 어머니를 더 좋아하는 것은 아니겠죠? 배속에 넣고 열 달 동안 서로 교감하는 작용으로 인한 영향이 맞는다고 해야 할까요?

동물학자의 실험에 의하면, 그리고 어려서 키웠던 개에 대한 경험으로 말하자면 수컷 개는 교미시기가 되어서 암컷을 쫓아다니게 되면 집에 돌아올 생각을 잊고 헤맨다고 합니다. 길에서 주인을 만나도 잠시 꼬랑지만 흔들 뿐 따라오려 하지 않습니다. 그리고 그 무렵에는 기억 능력이 상당 부분 떨어진다고 동물실험에서 밝혀졌다는 것을 본 기억이 있습니다.

성적 욕구는 살아있는 사람의 활동이며, 에너지 재충전의 발현이지만 분명한 것은 이 욕구는 윤회를 하는 원동력이 된다는 것입니다. 윤회가 나쁜 것은 아니죠. 차원 여행이니까요. 여행은 고통도 있겠지만 즐거움도 동반하는 것 아니겠습니까? 제가 지금 죽는다 해도 아쉬울 것이 하나도 없습니다. 다만, 아직 수행이 모자라고 준비가 덜 되었다는 것뿐입니다. 하기야, 죽음을 준비하고 가는 한국 사람이 얼마나 되겠냐마는…….

다음은 촉입니다. 접촉한다의 촉. 이 촉은 태중에서 모친과의 접촉도 해당되지만 세상으로 나와서 공기를 흡입하고 감촉하는 단계입니다. 그럼으로써 수(受 받을 수)가 생겨나는 것은 당연한 과정이며 거기에서 사랑이 생겨납니다. 사랑만 생겨나는 것이 아니라 미움도 그 외의 다양한 감정과 사물을 판단하는 작용이 일어납니다. 식이 미세함에서 거시적인 감정 작용으로 분화되는 것이 수의 상태입니다. 사랑하게 되면 취하고 싶고, 싫은 것은 버리게 되는 단계가 취(聚 모이다, 모여들다)입니다. 어린 아이나 어른이나 싫은 것은 버리고 싶고, 좋은 것은 소유하고 싶은 감정은 같을 것입니다. 싫어하는 것은 미움이 생기기도 합니다. 이렇게 감정이 작용하고 진화하는 것을 살아간다는 의미의 생이라고 합니다.

무명과 행까지 전생이라면 식은 전생과 현생이 교차하는 단계이며, 명색에서 생사는 현생이며, 유는 다음 생으로 넘어가는 단계라고 합니다. 이 12가지 단계가 일목요연하게 진행되는지 여부는 알 길이 없습니다. 저 역시 이생에 와서 전생의 일은 알지 못하며, 다만 여성의 성질이 많은 것이 나의 유전인자에 여성 특질이 많지 않은가 추측할 뿐입니다. 다행히도 이생에서 보이지 않던 세계를 조금 맛보았다는 자위를 해보며, 그 능력을 죽는 순간까지 놓치지 않고 가져가려고 할 것입니다.

메르스로 불안한 나날을 보내고 있는 여러분! 지금이야말로 걱정보다는 자신의 본래면목에 대해서 깊이 생각해야 할 때가 아닌가 합니다.

사람들은 가까운 사람이 죽어서 장례식장 갈 때나 죽음을 생각하지 평소에는 죽음에 대해 깊이 생각하지 않습니다. 그리고 자신의 내면에 대해 들여다보려는 노력이 많이 부족합니다. 이럴 때 자신을 알 수 있는 좋은 기회가 아닌가 합니다. 건강관리 잘하시고, 오늘 하루 마음 편히 지내시기 바랍니다.

2-3강. 지혜는 지식이 아니다

한국을 떠나게 되어 당분간 강의는 하기 어려울 것 같습니다. 폰 자판으로는 한계가 있네요.

무명무상절일체無名無相絶一切란 형상과 모든 이름 있는 것들을 다 끊는 것입니다. 무명무상이면 이름도 형상도 다 없다는 말인데 다시 무얼 없앤단 말인가요? 논리가 틀리지 않습니까? 그러나 문맥 속에 들어 있는 의도를 파악해야 글쓴이의 마음을 헤아릴 수 있는 것입니다. 그것은 강조법입니다. 불교 경전에는 강조법이 많이 사용됩니다. 다시 말하면 형상에 대한 생각, 생각을 생각하는 것조차 제거하는 완벽함을 위한 어법입니다. 그러나 결벽증 있는 사람이 어느 면에서는 상식 밖의 결함을 보이 듯이 완벽이 되는 순간 그 상태가 깨져 버리고 마는 이치가 작용하게 되는 게 세상 이치입니다.

증지소지비여경證智所知非餘境이란 증득한 지혜는 지식이 아닌 여유로운 경지를 말합니다. 오래 전부터 지혜와 지식은 별개의 것으로 구분했습니다. 보십쇼. 지식인들의 현란한 언어를……. 그로 인해 더 혼탁해지는 한국사회를 날마다 경험하고 있지 않나요? 지혜를 가진 현자가 날카로운 정의와 지혜의 칼로 바르지 못하고 비겁하고 찌질한 것들을 한 칼에 날려 버리기를 간절히 바랍니다.

3강. 순수의 블랙홀 같은 자성

참 성품은 깊고 깊어서 미묘한 것. 자성을 지키지 아니하고 인연법을 따라서 이룬다.

眞性甚深極微妙 不守自性隨緣成

참성품이란 무엇일까요? 성품이란 사람을 이루는 그릇이라서 억지로 흉내내거나 만들어낸다고 형성되는 것이 아니라 밖의 현상에 휩쓸리지 않고 내면으로 축적되어 갈무리되는 요소라고 생각합니다. 물론 생활 습관이나 학습 태도들이 그 사람의 인품에 작용하기도 하지만 기본적인 특질은 유전인자 속에 저장된 내용들로 인해 발현된다고 알고 있습니다. 어려서 만나는 경험들은 유전인자의 요소를 조금씩 바꾸어 놓음으로서 새로운 자신만의 세계를 구축해 가지만 어느 특정적인 부분은 크게 변화하지 않은 채 성인이 되어서도 그 특질에 의해 살아가는 것을 보게 됩니다.

여기서 말하는 참성품은 이 세상에 와서 만들어진 성격이나 행동양식을 말하는 것이 아니라 그 이전의 상태를 말합니다. 덧칠해지지 않은 상태. 어느 것도 개입되지 않은 순수 무결의 자리를 말하는 것입니다. 여기에는 순자의 성악설도 맹자의 성선설도 적용되지 않는, 종족이나 신분 그 어느 것도 자리매김하지 않는 순수의 블랙홀인 것입니다.

자성을 지키지 않는다. 어법이 좀 이상하긴 하네요. 자성이란 참성품의 다른 표현입니다. 자성이나 참성품은 지키려 한다고 지켜지는 것이 아니죠. 그 어느 것도 용납하지 않는 블랙홀처럼…….

4강. 다음 생에는 생물학자로 태어나고 싶다

하나가 일체이고 일체가 하나이며, 하나의 티끌 속에 모든 세계를 품고 있다.
一即一切多即一 一微塵中含十方

이 말 하나면 불교를 다 말하는 것이기도 할 정도로 불교의 진수를 드러내고 있습니다. 불교의 총체이며 과학의 절정이기도 한 내용입니다. 그만큼 의상 대사는 이 한 줄의 문장 속에 불교를 온통 녹여서 담아내고 있는 것입니다. 참 대단하다는 느낌을 지울 수가 없습니다. 아마 옛 선인들은 우주와 나 혹은 인간이 한 덩어리로 되어 있음을 진즉에 파악하지 않았을까 가늠해 봅니다.

요즘 한 방울의 물 속에 수 십 억의 생명이 살고 있다는 것을 안다는 것은 초등학생도 가능한 일입니다. 현미경으로 관찰하면 되니까요. 그러나 과학이 발달하지 않았던 시대에 저런 말을 할 수 있다는 것이 대단하다고 할 수밖에 없습니다. 서양의 어느 과학자가 법성게를 접하고서 동양에 대한 자신의 비하를 스스로 자아비판 했다는 글을 아주 오래 전에 본 기억이 납니다.

거시적으로 보거나 협소하게 보거나 지구는 물론이고 모든 우주는 개별적 관계가 아니라 유기적으로 밀접하게 혹은 느슨하게 연결되어 있습니다. 나비효과라는 말도 있듯이 한국의 메르스 파동이나 일전의 에볼라 바이러스 파동이 지구 생태계는 물론 우주에 파급 효과를 주어서 어떤 변화를 가져올지는 가늠하기 어렵습니다.

'하나가 곧 일체다'라는 가치는 현재의 한국사회에 절대적으로 필요한 가치입니다. 왜냐하면, 한국이 박정희 시대의 1차 산업화를 지나면서 대가족의 공동체가 깨지고 흩어져서 숱한 부작용을 만들어냈고, 지금도 그 여파가 작용하고 있기 때문입니다. 사람들이 하나라는 인식을 가지면 절대 남을 해치거나 불이익을 주기가 어렵습니다. 내 살을 떼어내는 것 같은 고통을 참아내야만 타인을 해칠 수 있기 때문입니다.

그러나 한국사회는 그 정신 그 감각이 회복하기 어려울 정도로 무너져 내렸습니다. 이승만 박정희가 그 원흉이지만 그 시대를 살았던 모든 사람들의 책임이기도 합니다. 산산조각 난 인간관계를 재구성해야 하는데 그렇게 하기 위해서는 덕이 두텁고 대단한 포용력을 가진 지도자가 나와야 하는데, 불행하게도 그런 인품 있는 사람이 보이지 않는다는 게 안타깝습니다.

저는 한국을 떠나면서 제가 살던 절의 주지 스님에게 노란봉투를 건넸습니다. 그 봉투 겉면에는 조부, 조모, 부모 그리고 먼저 간 동생을 적고, 그 다음으로 지구상에 없을 아이의 이름을 '조카'라는 이름으로 적어서 100불을 넣어 주었습니다. 그 아이의 이름은 '해인'이라는 아이입니다.

세월호 사건의 충격으로 저는 보름 정도 수염도 밀지 않고 두문불출. 끼니도 거른 채 지내자 주지승이 "대체, 왜 이러느냐고 절에 있는 스님이 이런 모습 보이면 되냐?"고 물었는데 나는 누가 말을 거는 것조차 싫었습니다. 제발 그냥 놔 달라 하고 술만 마셨습니다. 결국, 조카가 세월호에서 죽었다고 거짓말을 했지요. 주지승도 몸은 불구지만 의식은 맑고 깐깐한 사람이라 궤도에서 벗어나는 것을 아주 싫어하고 자기생활도 철저한 편이라 나의 이런 모습이 마땅찮았을 것입니다. 아마, 다른 주지들 같으면 당장 보따리 싸라며 내쫓았을 것입니다. 제가 떠난다는 말을 꺼냈을 때 저하고 친한 스님을 동원하여 저를 만류하면서 "저런 스님 만나기 어려울 것이다."라고 했다고 합니다.

작년에 세월호를 겪으면서부터 한국을 떠날 생각을 품고 있었습니다. 준비도 안 된 채로……. 그렇게 1년을 보냈습니다. 제 조카라고 칭했던 아이는 세상에 없는 가공의 인물입니다. 아니 세월호 아이들 전부가 나의 자식이며 나의 조카인 것입니다.

저는 소심하고 소아적인 인물이었습니다. 그런 제가 세상을 품게 된 것은 기도 중에 경험한 이적 때문이었습니다. 그 후로 세상의 고통이 바로 나의 고통으로 연결되어 힘들었고, 나 개인의 문제로 고민한 날은 한 번도 없습니다. 부처님이 말씀하신 화엄법계의 실체를 경험했다고 할 것입니다.

일미진중 함시방이란 '하나의 티끌 속에 모든 세계를 품고 있다'란 뜻입니다. 이 말은 '일즉일체 다즉일' 이라는 말과 비슷한 내용입니다. 우리 몸은 먼지보다도 작은 미생물들의 결합과 그 세포와 세포의 구성 세포를 둘러싼 캡슐 같은 세포벽이 모여 하나의 형태인 신체 장기와 조직을 형성하고, 이 몸을 이루고 있습니다. 따라서 인간의 몸은 엉성하게 결합된 생물 구성원들의 집합체라고 하지 않을 수 없을 것입니다. 엉성하지만 정밀한 몸. 세포 하나로만 본다면 나라 할 수 없고, 몸의 어느 한 부분을 떼놓고 나라고 할 수도 없습니다.

다음 생에 인간으로 다시 태어난다면 구도 수행하는 생물학자가 되어 부족한 저의 식견을 구체적으로 밝히고 싶습니다. 그래서 의사들이 말하죠. 암 환자에게. 암 덩어리를 사랑하라고요. 말도 안 되는 소리 같지만 암 덩어리도 자신의 몸에서 만들어진 것이 아니던가요? 암 덩어리를 사랑할 정도로 자신의 내면을 다독인다면 암세포가 정상세포에 사생결단을 하지는 않을 것이다라는 객쩍은 소리를 해봅니다.

제가 한국이 싫어서 떠나왔지만 넓지 않은 지구 덩어리 안에 있는 것입니다. 미세한 나의 삶이지만 우주 속에 포함되어 있는 것이라는 말로 오늘 강의를 마칩니다. 감사합니다.

5강. 기도체험 후 한눈에 들어온 사회구조

티끌 속에 일체가 있는 것과 같다. 무량한 숫자로 헤아릴 수 없는 시간도
한 생각과 같다.

一切塵中亦如是　無量遠劫卽一念

티끌이라고 하는 것은 아주 작아서 눈에 잘 보이지 않는 것을 말하
고 있습니다. 그 작은 미세함 속에 일체가 들어있다. 바꾸어 말하면 일
체라고 하는‘ 지구 전체 우주 전체가 하나의 티끌이다’라는 말이 되겠
죠. 잘 이해가 가지 않을 것입니다. 그 이유는 인간이나 동물은 아주
미세하거나 너무 거대한 것을 볼 수 있는 능력이 없기 때문입니다.

소리도 아주 큰 소리나 너무 작은 소리는 알아차릴 수 없습니다. 그
렇게 진화했기 때문입니다. 지구가 자전한다지만 그 움직임을 감지하
지 못하고 듣지 못합니다. 우리 몸 주위에는 수많은 전파와 파장 에너
지가 흐르고 있고 작용하고 있지만 알지 못하는 것과 같습니다. 아마
모르는 것이 다행인지도 모릅니다. 알게 되면 초능력자가 되거나 미쳐
버릴 것입니다. 인간의 에너지 크기가 초자연적인 에너지를 감당할 수
없기 때문입니다.

과학자들은 세상 구성 요소가(인간도 포함) 파동과 입자로 구성되어
있다고 말합니다. 파동이란 에너지의 흐름과 구조를 말하고, 입자는 에
너지가 응축된 물질 요소를 대상으로 합니다. 이 두 현상이 한데 어우

러지고 결합하여서 생명체를 만들고 물질을 형성한다고 알고 있습니다. 반야심경의 색즉시공 공즉시색은 파동이 곧 입자며 입자가 파동이라는 이치를 증명하는 가르침인 것입니다. 과학자들이 발견한 우주의 원리 실험으로 증험된 이론 속에서 저는 불교의 모습들을 많이 찾아내곤 했습니다.

저는 12년 전 경기도 가평의 현등사에서 기도를 하다가 신기한 현상과 만나게 됩니다. 물론, 간절한 마음으로 올린 기도였습니다. 법당에서 기도를 하는데 한 덩어리의 검은 구름이 법당에 나타났습니다. "저것이 무엇일까?" 쳐다보면서 의심하는데 그 구름이 한 바퀴 돌더니 사라졌습니다. 그 후 제 몸에 이상 현상이 나타났는데, 머리가 솟아올랐고 어깨를 무엇인가 감싸고 있는 느낌이 들었습니다. 마치 어깨근육에 무언가를 집어넣은 느낌이 들었고, 어깨가 들어 올려졌습니다.

온몸에 힘이 넘치고 무한한 자신감에 사로잡혀 있었는데 기이하게도 제 눈에는 저 까마득히 먼 세상이 한눈에 보였고, 중생들의 아픔이 한눈에 들어옵디다. 저는 20대부터 우울증에 몹시 시달려 왔고 늘 죽음에 대한 생각을 숨 쉬듯이 해왔는데, 그런 체험을 한 후로는 안개가 걷히면 햇살이 눈부시듯이 세상 구조가 한 장의 정물화처럼 보였습니다.

한국 사람들의 고통과 슬픔과 절망이 어디에 있는가 살펴보니 삶의 구조에 문제가 있었고, 그 삶의 구조는 개인의 욕망과 사회 구조에 절대적인 원인을 두고 있더군요. 그 구조를 끌고 가는 것은 다름 아닌 정치였습니다. 정책과 사회 시스템의 불합리, 정치 집단의 탐욕, 능력 넘치는 부류들의 나누지 않으려는 이기심이 한국사회를 조선시대와 같은 신분계층 사회로 만들었고, 그것들이 한국사회를 더욱 어렵게 하고 있음을 깨달았습니다.

현대판 양반 상놈이 도래한 것이죠. 이것을 깨야합니다. 이 불평등을 바로잡지 않으면 서민층은 빈곤층으로 추락할 것이고, 부유층은 더욱 부를 공고하게 쌓아간다는 것을 깨달은 것입니다. 저는 그 체험 이후로 절을 옮겨다니면서 병을 고치기도 하고 무병이 들은 환자를 고치기도 했습니다만, 개인보다도 사회 시스템을 바꿔야 한다는 데 마음을 모으고 시민사회 활동에 참여했고 뉴스거리가 될 만한 일들을 시도했으나, 사실 실패한 시도나 다름이 없었음을 자인합니다.

무량원겁즉일념이란 한량없는 세월도 한 생각과 다름없다는 뜻입니다.

시간이라는 것이 무엇일까요? 개념이 아닐까요? 차원을 달리하면 시간이 적용되지 않습니다. 〈인터스텔라〉라는 영화 보셨나요? 〈인터스텔라〉에서 우주여행을 시작한 우주항공비행사가 어린 딸을 두고 가면서 반드시 돌아온다고 약속을 했으나 우주의 예측하기 어려운 상황들을 만나면서 지구로의 귀환이 늦어지게 되죠. 구사일생으로 지구로 돌아왔으나 아비인 자신은 지구를 떠날 때의 나이였으나 10살 무렵의 딸은 100살이 되어 아버지를 만나게 되는 장면을 보여주고 있습니다.

우리는 어쩌면 관념화된 교육, 제도화된 생각들로 인해 개념화된 수

치화된 시간 속에 스스로를 가둬 놓았는지 모를 일입니다. 차원을 달
리하는 일은 별나라, 하늘나라 일이라 해도 잘못된 제도와 관습 정치
로 인해 인간이 인간을 억압하고 징치하는 짐승 같은 만행은 없어졌으
면 하는 바람을 가져 봅니다.

6강. 공과 사를 엄격히 구별해야

찰나의 시간이 무한한 시간이고 구세 십세 긴 시간이 서로 하나되어 순수
하고 가지런히 따로따로 이루어진다.
一念卽是無量劫 九世十世互相卽 仍不雜亂隔別成

일념즉시무량겁은 앞서 5강과 중복되는 내용입니다. 한 생각이 일어
나는 즉시에 무한한 시간을 지나가게 됩니다. 몸은 한국에 또는 베트
남에 있지만 마음이 일어나서 가고픈 곳을 생각하고 염하게 되면 그
나라에 가 있는 것이나 같은 이치라는 말입니다. 물론, 숙련된 사람이
가능한 일이겠지만 정신 에너지 일부가 몸을 빠져나가 다른 곳을 다니
는 것은 실험에서도 증명되고 있습니다. 저는 초등학교 시절에 유체이
탈을 경험했습니다. 몸에서 더운 기운이 쑥 빠져나가는 것을 경험한
일이 있습니다.

구세십세호상즉에서 구세란 과거, 현재, 미래 중에서 과거 속에 있었
던 또 다른 과거, 현재, 미래와 현재의 또 다른 과거, 현재, 미래와 미
래에 벌어질 과거 현재 미래를 합해서 9세라 합니다. 다시 말해야 될
것 같네요. 우리가 스무 살 혹은 열 살 이전의 과거로 돌아갔다고 합
시다. 그 과거 속에서는 현재가 분명 있고 미래를 생각할 수 있겠죠?
오늘 현재 속에도 명확히 과거는 있고 미래도 있습니다. 살아 있는 한.
미래로 가 있다고 했을 때 미래 속에도 과거와 현재가 있기에 그것을

9세라고 하는 것입니다.

그럼 10세는 무엇이냐? 10세는 무량 아승지겁을 말한다고 합니다. 아승지겁이란 겁이라는 시간을 수없이 곱해서 나오는 시간 그야말로 숫자로 계산할 수 없는 시간을 말합니다. 인도 사람들이 뻥이 심하다고 합니다. 그런데 지구나이가 60억 년이나 됐다는데 60억 년 아니라 6억 년도 상상키 어려운 노릇 아닌가요?

그런데 그 9세와 10세가 서로 뒤엉키지 않고 교통한다는 말입니다. 어제와 오늘이 다르지만 한 시간 속에 있기에 같은 날이기도 합니다. 그래서 기억력이 감퇴되면 그 날인가 저 날인가 하게 마련인데 석가모니 부처님이 살던 시대나 우리가 살고 있는 오늘이 명확하게 구분이 되면서 서로 작용하고 있다 그런 말이 되는 겁니다.

잉불잡란격별성은 앞서 말한 9세, 10세와 연결되는 내용입니다. 각각 시간의 가치들이 어지럽거나 잡스럽지 않게 개별적으로 그 의미를 이루고 있다는 해석이 가능합니다. 세상이 어지러운 것은 혼돈 때문입니다. 정의와 불의를 구분 짓지 아니하고 뒤섞어 놓았기 때문입니다. 바른 것과 굽은 것을 구별하지 아니하고 사적인 것과 공적인 것에 엄격하지 않게 되면 거기서 불의가 생기고 부패가 생기고 사람과의 신뢰가 깨지게 됩니다. 사람 사이에 신뢰가 가장 중요합니다.

저는 지키지 못할 약속은 아예 하지 않는 것을 철저하게 지키려고 노력합니다. 그래야 내 자신이 떳떳하고 가슴을 펴고 살 수 있기 때문입니다.

7강. 출가할 때의 환희심

처음 마음 그대로가 정각을 이루는 것이다.

初發心是變正覺

처음 마음이란 무엇일까요? 발심하여 출가를 하면 《초발심자경문》이라는 책을 공부합니다. 초발심장에 보면 '부초심지인夫初心之人은 수원리악우須遠離惡友하고 친근현선親近現善하여 수오계십계등受五戒十戒等하여 선지지범개차善知持犯開遮'라는 대목이 나옵니다. 처음으로 수행자가 되기 위하여 마음을 낸 사람은 악한 벗을 멀리하고 선한 이를 가까이하라. 5계, 10계를 받으면 계율을 잘 막고 잘 열어야 한다. 이런 말입니다. 잘 막는다는 것은 잘 지킨다는 말이고, 잘 연다는 것은 상황에 맞게 융통성을 발휘하라는 말입니다. 고려의 보조국사가 하신 말씀입니다.

사람이 생명을 얻어 이 세상에 나올 때는 다 순수하고 깨끗합니다. 몸도 마음도……. 출가하는 사람이 도둑놈 마음 가지고 출가하는 사람 없지요. 세속에서 찌들은 마음을 훌훌 벗어버리고 새로 시작하는 것이니 얼마나 새롭겠습니까? 저는 출가하니 절 집안이 딴 세상 같고 모든 게 환희로웠죠. 그 환희가 오래가지는 않았지만……. 처음 작심한 마음으로는 금방이라도 도를 이룰 것 같지만 시간이 흐를수록 다른 것들이 눈에 들어오게 되죠.

처음에 순수한 마음이 그대로 이어진다면 그 상태가 바로 도의 자리다 이 말씀입니다. 순수하고 맑다는 것은 깨끗한 강물 속에 놀고 있는 물고기를 들여다 보는 것처럼 본바탕의 마음이라는 것이죠. 이때 한눈팔지 말고 바로 자신의 밑바닥 상태에 도달하게 되면 자신이 어디서 왔으며 어디로 갈 것인지 알게 됩니다.

저는 어디서 와서 어디로 가는지는 압니다. 죽음이 닥쳐왔을 때 업식에 휘둘리지 말고 숲을 헤쳐 나가듯이 살필 수 있다면 본래의 자리로 돌아가는 것입니다. 그 본래의 자리란 생명을 얻기 전 근원이며, 불성이고, 아가페이며, 길이고 진리이며, 원래 이 세상에 오기 전 바로 그 상태로 돌아가는 것입니다.

8강. 관계와 조건에서 자유롭기

이치와 행동에 차별이 없이 밝다.

理事冥然無分別

이치와 행동은 인간이 표현하는 모든 것을 말합니다. 생각의 범위까지도 넣어서 총체적인 인간규범을 포함시킬 수 있습니다. 《화엄경》에서 이사무애니 사사무애니 하는 말이 있습니다. 사사무애는 자신의 행동이 어떤 일을 하던 자유자재하여 불편함이 없고 타인에게 불편을 주지 않는 행동을 말합니다.

여기서 진보한 것이 이사무애입니다. 이사무애는 자신의 생각, 말 등이 어떤 관계에서도 걸리적거리는 게 없단 뜻입니다. 부드럽고 유연하며, 당당하고 활기찬 삶입니다. 사람이 무언가를 숨기고 남을 속이려 한다면 행동에 걸림이 있을 것입니다.

뻔뻔한 사람들이 많이 늘어나서 표정 하나 변하지 않고 사람을 속이기도 하지만, 예리하게 관찰한다면 숨길 수 없는 것입니다. 관계에서만이 아니라 조건까지도 자유로워야 합니다. 자본주의가 속속들이 사람을 옥죄고 흔드는 세상을 살아가면서 관계뿐만 아니라 조건까지도 자유로워진다는 것은 거의 불가능에 가까울 정도로 성취하기가 어렵겠지요. 잠시 잠깐은 해탈한 듯 하여도 다시 죄여오는 조건의 문제에서 수행자들도 만만찮은 도전을 받습니다. 단순히 인간관계에서 뿐만 아니라 자연과의 관계에서도 당당해지고 부끄러움이 없다면 그는 자유인이라 할 것입니다. 그것을 이사무애 사사무애를 통달했다고 하는 것입니다.

분별 또한 늘 선택을 해야 하는 삶 속에서 어려운 일입니다. 인류 초기나 고대사회라면 선택할 것이 많지 않아서 크게 갈등하거나 우왕좌왕할 이유가 적었을 것입니다. 그런데 오늘날은 다양한 선택들의 기로에 서있는 세상에서 한 번 잘못 선택함으로서 전혀 원하지 않는 삶을 살 수도 있습니다. 때문에 선택의 문제는 엄청난 긴장으로 다가올 수밖에 없겠죠.

절집에 처음 들어왔을 때 '바람 부는 대로 물결치는 대로 살아라'라는 말을 많이 들었습니다. 일시적으로는 그렇게 살아 봤습니다. 인사이더의 삶이나 아웃사이더의 삶이나 큰 차이는 나지 않을지 모릅니다. 그러나 인사이더의 삶은 자유를 반납한 반면 아웃사이더의 삶은 안정을 반납해야 합니다. 어느 한 쪽을 선택하지 않으면 안 되는 그런 구조 속에 살고 있습니다. 절에서 굴러다니는 용어 중에 상당수는 헛방인 말이 많습니다. 자신은 그렇게 살지 않으면서 후배들에게 그렇게 살라고 한다든지 정 반대의 모순을 날마다 거듭하면서도 안 그런 척 사는 사람들, 이런 사람들은 《화엄경》의 가르침을 버리는 사람들입니다. 삼계도사의 삶을 살지 못할지언정 최소한의 신의를 지키고 그 신의를 바탕으로 관계를 이어가는 세상으로 회복되기를 간절히 바랍니다.

박근혜! 그대는 참 많은 죄를 날마다 짓고 있구나. 그의 일족들도 날마다 국민들에게 거짓과 위선으로 언론 지면을 가득 채우고 이 세상을 더욱 혼탁하게 하는 죄를 저지르고 있다. 참회하라! GA NHA TRANG(나짱역) 대합실에서…….

9강. 중생은 중생, 악마는 악마

석가모니 부처님의 해인삼매 그 가운데
부의사한 여의공덕이 한량없이 나온다.
能人海印三昧中 繁出如意不思議

해인삼매라고 하는 것은 삼매 중에 가장 으뜸가는 삼매라고 합니다. 저도 삼매에 들어 보긴 했으나 업장이 녹아내리는 삼매나 탈육되는 경지에는 가 보지 못했습니다. 삼매는 무언가에 집중할 때 나타나는 현상입니다. 단순한 집중만이 아니라 그 순간 모든 것을 놔버렸을 때 비로소 삼매에 들었다고 할 수 있습니다.

내 몸과 내가 몸 담고 있는 세계가 완전히 분리됐을 때 삼매는 성취됩니다. 능인은 보통 사람이 아니라 부처님이나 성인을 지칭하는 말입니다. 그런 성인들이나 보살들이 삼매에 들어서 나타내는 자비광명이나 법력을 말하는 것입니다.

중생은 중생일 수밖에 없고, 박근혜 같은 악마는 악마일 수밖에 없다고 말하면 결정론이라고 반박하겠죠? 그들이 짐승과 악마의 껍질을 벗어버리려면 수백 생 동안 그 대가를 치러야 할 것입니다. 지금 비록 힘이 강하여 온갖 악행을 저지르고는 있지만 반드시 그 힘이 다할 때가 곧 올 것이며, 그렇게 되면 감옥이나 생지옥밖에는 갈 데가 없는 것이니 너무 실망 마시기 바랍니다.

10강. 중생의 수준에 따라 비가 내린다

비가 내려 모든 생명을 이익 되게 하는 보배가 허공에 가득 찼고
중생의 그릇에 따라 이익을 얻게 한다.

雨寶益生滿虛空 衆生隨器得利益

요즘 같이 가뭄 때 비가 내리지 않으면 곡식은 다 말라 죽고 사람마
저 팍팍해져서 살기 어렵게 됩니다. 그 옛날 천수답만으로 살아가던
사람들에게는 비는 생명의 젖줄기와 같은 감로수였던 것입니다. 그래
서 비를 내리는 것을 법신이 몸을 나투는(부처가 자신의 모습을 깨달음이나
믿음을 주기 위해 사람들에게 나타내다) 것이라 하여 법우法雨라 했습니다. 여
러 경전(《화엄경》, 《법화경》, 《원각경》 등)에서 붓다가 법의 말씀을 내리는
것을 가뭄에 비를 내려 만물을 소생케 하는 것에 비유했습니다.

중생수기득이익은 '중생의 수준에 따라 비가 내린다'라고 이해하면
되겠습니다. 중생의 수준은 천차만별입니다. 한국 절에 살면서 늘 느끼
지만 수준이 비슷한 것 같지만 다르고 공통적인 면은 있지만 제각각인
면도 있습니다.

그렇지만 평균 신도 수준에서 아주 뛰어난 사람도 극히 드문 실정이
기도 합니다. 거의 다 경전을 외우거나 기도를 하거나 절을 하거나 자
기가 주력하게 되는 방법이 제각각 있습니다. 그런데 사회성이 떨어지
는 면은 동일합니다. 기도도 자기 가정을 위해서 주로 하고, 사회의 민

주화나(용어만 다르지 결국 불교 이상의 가치인 것입니다) 사회 문제에 대해 아주 어둡다는 것입니다. 그러다 보니 소아 집중적이 되고 다른 이들의 아픔에 등한시하고, 자신의 가족과 사회 구성원을 분리시키는 현상을 보게 됩니다.

세월호 때 저는 정말 처절하게 아팠습니다. 그럼에도 세월호 문제를 가볍게 여기는 절집 사람들을 보았을 때 혼자만의 무력감을 느꼈습니다. 물론, 그 징그런 아픔을 정면으로 대하고 싶지 않겠죠. 누군들 처참한 현실을 즐거워하겠습니까? 그러나 종교인은 그렇게 해서는 안 되는 것입니다. 그렇기 때문에 불교가 사회의 소금이 되지 못하는 것 아닙니까? 사회를 대하는 마음이 몸에 배어있지 않고 사회 대응 교육이 없으니 소아적이고 이기적인 태도를 취하는 것이 아닌가요? 보살은 온 우주와 한 몸이 되어 행동해야 합니다. 그럼에도 전혀 상처를 받지 않는 것이 참 보살인 것이죠.

이생이 끝나면 보살들이 공부하는 세계에 날 수 있으면 좋겠습니다. 그렇게 발원하고 있습니다. 수백 생을 거듭하더라도 보살의 길은 놓치고 싶지 않습니다. 부처님이 위대한 것은 너무나 많지만 그중 가장 잘하신 것이 근기설법이라는 것입니다. 인도에는 사성계급이 있고 상류층과 하층민이 쓰는 언어가 달랐다고 합니다. 산스크리트어와 우르드어 힌디어 등 다민족들이 쓰는 언어가 많았는데, 우르드어는 고대 언어인 산스크리트어에서 연원하는 것으로 주로 상류층이 사용하였고, 힌디어는 평민들이나 하층 계급이 사용했던 것으로 알고 있습니다.

석가는 이런 언어들을 자유자재로 사용했다고 하며 그 계층 신분에 맞춰 언어와 비유를 통해 그 사람을 깨우쳤다고 합니다. 같은 계급에서도 수준이나 성격이 다 다른데 그 기준에 맞춰 대화법을 달리했다는 것은 탁월하다고 할 수밖에 없습니다. 비유법도 다양하고 제자를 공부시키는 방법도 다 다릅니다. 주리반특가라는 꽉 막힌 천민 출신에게는 이론적인 교육이 아닌 단순하고 반복적인 일을 시킴으로써 그 단순함 속에 자신을 들여다보게 하고 그래서 본성을 깨우쳤다고 합니다.

세상의 모든 것들은(생명이 있건 없건) 서로에 교감하고 에너지를 주고받으며 공존하고 있습니다. 대립되었다가도 다시 화해와 교류로써 서로 소통하고 있습니다. 그 소통을 막게 하는 큰 힘이 있다면 그것은 우주의 질서를 훼방 놓는 일입니다. 그런 힘을 가진 자는 저 멀리 우주 밖으로 추방시켜야 합니다. 바로 박근혜, 이명박 같은 무뢰배입니다. 그들이 강도 살인마보다 더한 악행을 저지르고 있다는 것을 알아야 합니다.

11강. 이 몸은 어디서 왔을까요?

이러한 연고로 수행자가 본래의 자리로 돌아갈 때 망상을 없애지 않고는
, 쉼을 얻을 수 없고 생명의 고향으로 돌아갈 수가 없다.

是故行者還本際 □息妄想必不得

본래의 자리는 어디를 말하는 것일까요? 태어난 고향일까요? 아닙니다. 그러면 어머니 뱃속일까요? 물론, 그곳도 본래 자리에 가까운 곳이지만 환지본처還地本處는 아닙니다.

(12연기에서 연기라는 말은 모두 《화엄경》 말씀에 연원을 두어야 합니다. 인연이라는 말도 마찬가지입니다. 화엄의 가르침을 벗어나서는 그러한 논리가 성립될 수 없기 때문입니다.) 그럼 '대체 생명의 고향이 어디란 말인가?'라고 강한 의문이 생기겠죠? 왜 직접적으로 말하지 않고 에둘러 부연설명을 하는지 이해를 해야 합니다.

덥석 본래자리란 이런 곳이다 말한다 해서 '아, 그렇구나'라고 금방 알아채겠습니까? 그런 점 때문입니다. 본래자리를 보여줄 수는 없어도 말할 수는 있습니다. 내가 말한다 해서 여러분이 금방 그 자리를 깨닫거나 그 자리에 도달할 수 없을 것입니다.

또 설명을 충분히 하기 위해 비유로 말하거나 부연설명하면 '스님은 도를 말하지 않고 과학을 말하고 있잖아?'라며 반박할 것입니다. 그런 의문이 든다면 여러분은 평소에 과학을 종교보다 못한 것, 과학이 아

무리 뛰어 봐도 도달할 수 없는 것이지만 과학 경시의 마음이 있기 때문입니다. 과학도들은 과학의 진리를 믿습니다. 그 진리란 '이 세상에서 증명될 수 없는 것은 없다, 다만 시간이 필요할 뿐이다'라는 것입니다.

우리는 지구에 살고 있습니다. 맞죠? 혹시 다른 생각을 가지고 있다면 말씀해 주십시오. 지구에 살고 있는 것 확실합니다. 그렇다면 지구는 어디에서 왔을까요? 원래부터 있었나요? 원래라면 언제부터를 말하는 것인지요? 다른 말로 이 몸은 어디에서 왔을까요? 당연히 부모로부터 왔다고 할 것입니다.

기독교인들은 아담과 하와 혹은 하나님으로부터 왔다고 말할 것입니다. 그러나 그것은 증명되지 않는 가설일 뿐이고 그 하나님이 우주자연 질서 혹은 우주의 총체적 에너지로서의 하나님이라면 인정될 부분이지만 인격적 하나님은 있을 수 없기에 허구입니다. 그것은 노자가 말한 천지불인(天地不仁 천지는 만물을 생성화육함에 있어 어진 마음을 쓰는 것이 아니라 자연 그대로 행할 뿐이란 뜻)이기 때문입니다. 우리는 부모로부터 왔다는 것이 정설입니다. 부친의 정과 모친의 혈이 결합하여 내가 만들어진 것입니다. 부모도 그 윗대로부터 그렇게 받아왔고 인류가 생긴 이래 수백만 년 동안 그렇게 이어져 왔습니다.

20만 년 전에 현 인류라고 할 수 있는 호모 사피엔스가 출현했다고 합니다. 그럼 그 이전에는? 당연히 드는 의문입니다. 저도 그렇고요. 그 이전에 호모 에렉투스라는 침팬지형 인간이 있었다고 합니다. 이 이전은 현생 인류라고 보기 어려운 유인원으로 밝혀졌습니다. 그렇다면 그 이전은 또 그 전에는……. 끊임없는 의문과 이어지는 궁금증.

인류에게 의문은 가장 중요한 키포인트입니다. 의문이 없었다면 현재 인간처럼 진화하지도 못했고 과학이 발달할 수 없었습니다. 의문은 모든 문제의 알파와 오메가입니다. 의문과 호기심, 이것이 인간을 발전시킬 것입니다. 그런데 이 의문을 가로막는 것이 종교입니다. 과학이 일정 부분 종교의 역할을 담당하고 있음에도 종교는 과학을 배척하려 합니다. 자신의 영역이 침범당할 수 있을까 하는 두려움 때문입니다. 특히 기독교가 그렇습니다. 과학이 발달하고 진화론이 힘을 얻으면 창조론은 더 이상 버틸 힘이 없게 됩니다.

그렇지만 아무리 과학을 무시하려 해도 과학은 계속 앞으로 나아갈 것입니다. 그리고 종교는 무너질 수 있지만 과학은 어느 것으로도 무너지지 않습니다. 과학은 증명에 근거하고 있기 때문입니다. 아주 미세하고 보잘것없는 이론이라도 그것을 증명해 내지 않고는 과학으로 성립될 수 없습니다. 하나의 이론을 증명해내기 위해서는 수십 번, 수백 번, 그 이상의 실험을 거듭해야 합니다. 그 실험이 성공했을 때 비로소 하나의 가설이 만들어지는 것이고, 그 가설을 다시 현실에서 증명해 내야만 비로소 과학으로 공인되는 것입니다. 그러기에 과학도의 신념은 종교의 신념과 같다고 해야 할지도 모르겠습니다.

석가모니는 2,500년 전에 12연기라는 생명의 탄생 과정과 그 연원에 대해 밝혔습니다. 종교는 이론을 증명해내고 보여주는 장르가 아니기에 그런 과정을 제시한 것 자체로 큰 의미가 있는 것입니다. 그 12연기의 시작이면서 종착역인 무명無明의 자리가 바로 우리가 온 곳입니다. 우리 몸을 이루는 근본요소는 원소입니다. 원소는 우주에서 온 것입니다. 지금은 지구 자체가 힘을 가지고 생명을 만들어내지만 원래는 우주의 폭발로 지구가 만들어진 것이고 그 이전의 자리가 무명입니다. 무명은 밝음이 없다고 보는 게 아니라 아무것도 인지할 수 없는 상태라고 보는 것이 맞습니다. 인지가 시작되면서 생명이 발현되기 때문입니다.

저는 그것을 12년 전에 깨달았습니다. 저는 무식한 사람이라 과학이론의 어느 한 부분도 아는 것이 없던 때입니다. 불교를 통해서 과학의 가치를 알았고, 과학의 가치를 통해 불교의 뛰어남을 하나씩 알아가는 과정입니다.

오늘은 여기서 그칩니다. 요 며칠 동안 수리를 하는지 망치질 소리가 요란하여 더 이상 진행할 수가 없네요.

12강. 여의주는 불생불멸이며 무한한 생명력의 보고

인연이 없는 여의주를 잡아서 수분(수준)에 따라 자양분을 얻어서 귀가한다.

無緣善巧捉如意 歸家隨分得資糧

무연은 인연이 없다고 직역하지만 자유롭다로 해석하는 것이 좋을 듯합니다. 자유롭지 않으면 진정 얻으려고 하는 것(여의주)을 얻기 어렵다고 봅니다. 남방에서는 한국처럼 늦깎이로 출가하는 것이 자연스럽다고 합니다. 요즘 한국에서는 이것저것 다 해 보고 인생의 허무한 맛을 진하게 맛본 후에 출가를 하는 경우가 대부분입니다. 제가 출가할 무렵에는 동진출가(10대 무렵) 승들이 주류를 이뤄 20대 중반에 출가한 저 자신도 늦다고 생각될 지경이었으나 요즈음은 30대도 드물고, 40~50대 심지어는 60대에 출가하는 분들도 있습니다.

남방불교에서도 장년이 되어서 출가하는 것이 전통으로 되어있던 시대가 있었습니다. 요즈음은 젊은 승려들이 많지만……. 그 배경은 불교의 풍습이 젊어서는 부모와 가족을 열심히 부양하고 나이 들어서는 자신의 길을 걸어간다는 것입니다. 먹고 살만큼 해놓고 출가하는데 누가 비난하겠습니까?(다 그렇지는 않겠지만) 한국과의 차이는 남방에서는 출가하기 위해 젊어서부터 마음을 먹고 준비한다는 점입니다. 한국은 출가하기 전 세상 파도에 치일 대로 치어서 더 이상 견딜 수 없을 때 출가를 선택하는 경우가 많아 서로 다른 측면이 있다고 할 것입니다.

여기에서 귀가歸家는 집으로 돌아가거나 출가를 말하는 것이 아니라 본래무일물(본래 한 물질도 없다)로 돌아간다는 말입니다. 우리가 세상을 떠날 때 아무것도 가지고 가지 못합니다. 오로지 살아서 경험한 것들과 사람과의 인연 추억들만 가지고 갑니다. 물론 그것들도 대부분이 사라지고 유전자에 입력될 업식만 남게 되지만…….

여의주라는 것은 보배, 즉 8식(나중에 식에 대해 말할 기회가 있겠죠)의 자리에 돌아간다는 말입니다. 여의주는 불생불멸이며 무한한 생명력의 보고이기 때문입니다. 그 여의주를 가지고 본래자리로 돌아가게 되면 무한한 능력이 나오게 됩니다. 그 무한한 능력을 가진 존재가 어떻게 살겠습니까? 나와 남 구별 없이 그 능력을 쓰겠죠? 그런 존재들이 많아질 때 그런 사람이 많아질 때 세상은 좋은 세상이 되겠죠? 그런 세상을 만들어야겠습니다.

13강. 하나가 즉 전체다

이 다라니는 다함이 없는 보배요 법계의 보전을 장엄하는 주문이다.

以陀羅尼無盡寶　莊嚴法界實寶殿

여기서 다라니는 법성게 자체를 말하는 것입니다. 의상 대사는 법성원융무이상에서 구세, 십세, 호상즉 까지를 다라니라고 칭한 것이 아닌가 합니다. 왜냐하면, 이 세상과 연결된 우주의 모든 법칙이 그 안에 다 들어있기 때문입니다. 한 생각이 무량한 시간이다. 일즉일체다즉일, 일미진중함시방, 하나가 즉 전체다, 하나 속에 모든 세계가 다 들어있다. 이 얼마나 광대함과 미세함을 두루 갖춘 식견입니까?

이 내용만 가지고도 법성게의 진수를 드러낸 것이며, 그 뒤의 내용들은 앞의 내용을 찬양하거나 수식하는 문장이라고 보아도 큰 잘못은 아닙니다. 사실 이 내용만 깨달으면 나와 우주의 관계를 알 수 있고, 모든 세계로 통하는 빗장이 열리는 것입니다. 이런 시각은 공부만 해서 열리는 시각이 아니고 아마 큰 부딪침 속에 깨달음이 열렸을 겁니다.

한국의 승려, 신라의 승려 하면 대표로 원효를 꼽습니다. 그는 박학다식하고 통찰력이 있을 뿐만 아니라 몸으로 자신의 사상과 가치를 실현한 분이기 때문입니다. 동시대의 비슷한 연배인 원효의 빛에 가려져서 그렇지 의상도 상당한 수준에 올라있는 분입니다.

장엄법계실보전에서 법계는 부처와 보살들이 있는 세계입니다. 희로

애락이 들끓는 이 세상과는 다른 세상입니다. 때묻지 않은 그런 세상이 어떤 세상인지는 저도 잘 모릅니다. 그곳까지 갈 수준이 안 되니까요. 그러나 그런 세계가 반드시 있을 것이라 믿어요. 왜냐하면, 우리가 밝혀낸 우주공간이라고 해봐야 3천, 대천세계의 극히 일부에 해당되니까, 그 외 세계가 어떻고 어떤 존재가 있는지는 도무지 알 수 없는 것이죠. 몇 생을 거듭해서 보살행을 닦아야 알 수 있는 것인지……. 그런 세계를 장엄한다? 장엄이란 모든 의미 있는 것들(지정할 대상이 떠오르지 않아서)을 치장하는 것입니다.

경전에는 특히 《화엄경》, 《법화경》, 《아미타경》에는 '장엄법계 실보전'이란 말씀이 자주 등장합니다. 제 생각으로는 금, 은 등 7보배로 치장하는 것에 대한 의미는 이 세상에서는 얻기 어려운 가치가 있는 공간이어서 그렇게 표현한 것이 아닐까 합니다.

아미타경에는 극락세계를 장엄하는 내용이 구체적으로 기록되어 있는데, 금, 은, 유리, 자거(백색의 산호), 적주(붉은색 진주), 마노(짙은 녹색의 보옥) 등으로 장식된 공간이 인간이 살기에 적합한 공간은 아닐 것입니다. 쇠붙이로만 구성된 공간은 영화 〈매트릭스〉처럼 삭막하리라 상상되는데 상징으로 말씀하신 것인지 실제 그대로인지는 알기 어렵습니다. 가 봐야 알고 죽어 봐야 알지 모르겠네요. 아무튼 사바세계처럼 금방 부서지고 없어지는 그런 세상은 아닐 것이라 확신합니다.

향긋하고 달콤한 커피입니다. 한 잔 드시고 기분 좋게 하루 시작하세요.

14강. 인연 닿으면 만나겠죠

다함없는 자리는 실제로 중도의 자리이니 예부터 이어온 부동의 존귀한 이 부처라네.

窮坐實際中道床 舊來不動名爲佛

다함이 없는 자리에 도달해 보니 그 자리가 중도라. 중도라는 말은 어느 한쪽에 치우치지 않는 말과 행동을 말합니다. 사람은 주관에 의해 편견을 갖거나 한쪽에 치우친 행동을 하기가 쉽습니다. 패거리 문화가 주류를 이루는 세상에서 중도를 실현하기란 매우 어렵습니다. 중도는 우유부단하다거나, 자기중심이 없다는 이유로 왕따 당하는 예가 많습니다.

특히 한국 사회는 어느 한쪽에 가담하기를 강요하고 합류하지 않으면 외톨이로 밀어냅니다. 중도를 오해하는 경향이 많은데, 양편을 다 아우름과 함께 중심사상을 가지고 있어야 양쪽에 공격에서 살아남을 수 있습니다. 중도보수라거나 중도진보라는 사람들은 양쪽을 절충한 기회주의이거나 변질된 보수, 변질된 진보가 대부분입니다.

석가모니 부처님은 2,500여 년 전에 사바세계인 지구에 오셨습니다. 그냥 오신 것이 아니라 중생제도 하시고 자신의 경지를 완성하시고 적멸에 드셨습니다. 그 이전에 가섭불을 시작으로 칠불이라는 일곱 분의 부처님이 지구에 오셨습니다. 그분들은 오셔서 세상에 별 영향을 끼치

지 않고 가셨습니다. 인류가 시작된 지 얼마 안 되는 시기일테니 문명
도 없었고, 기록하기도 어려웠을지 모릅니다.

석가모니 부처님은 어떻게 칠불이 지구에 다녀갔다는 것을 아셨을까
요? 요즘처럼 메일을 남긴 것도 아니고, 어떤 증표도 남기지 않았는데
무엇으로 그분들이 다녀갔다는 것을 증명할까요? 석가모니 부처님의
지혜의 눈으로 무엇을 보고 그런 확인을 하셨는지? 수천 년, 수억 년
전의 흔적을 자신의 유전자 속에서 찾아냈는지? 평범한 저로서는 알
수가 없습니다. 내면을 아무리 까뒤집고 헤쳐도 자신의 유전자를 찾아
들어가기 어렵고 유전자를 의식이 만난다 해도 유전자 안에 압축된 유
전자 코드를 무슨 수로 읽어낸단 말인가요? 그런데 붓다께서는 그것을
다 읽어내셨습니다. 자신의 유전자 속에 수천 생 전에 미물이었던 흔
적을, 사슴의 우두머리였던 흔적을, 설산동자라는 수행자였었다는 흔적
까지 ······.

저는 그것이 힌두이즘에 의해 학습된 이미지이거나 기억의 유추라고
는 결코 생각할 수가 없습니다. 제가 의심하는 태도를 보인다면 그것
은 명확하고 철저한 태도로 석가모니 붓다님의 말씀을 내 것으로 하기
위한 욕구임을 밝힙니다. 저는 공덕이 없어 석가모니 시대에 태어나지
못했고 그 분의 영향을 직접 받지는 않았으나 후세에 남겨진 붓다의
말씀만으로도 저는 무한한 생명을 확인했고, 당신을 온몸으로 존경하
지 않을 수 없습니다.

앞서가신 칠불 부처님들은 흔적 없이 가셨지만, 석가모니께서는 자

비스럽게도 많은 흔적을 남기시어 후학들이 모범을 삼을 수 있다는 것이 얼마나 큰 위안입니까? 무엇보다도 석가모니 부처님이 우리에게 남기신 것은 옛 부처나 석가모니 부처님이나 다름없듯이 부처와 중생이 둘이 아니라는 가르침입니다.

왜 그런 엄청난 비밀을 말씀하셨을까요? 자고로 종교를 창시한 교주들은 자신의 교단이 와해될까 봐 전전긍긍 합니다. 그래서 위협적인 사람이나 요소는 가차 없이 처단합니다. 신들의 나라 인도에 부처님 당시에 있었던 종교는 힌두교, 자이나교 정도 남아 있는 것으로 압니다. 제가 인도의 종교 정보에 어두워서 잘못 말한 것일지 모릅니다만……

한국에도 100여 년 동안만도 수많은 신흥종교가 나타났다 사라졌습니다. 보천교(지금 있나요? 이름뿐인) 백백교 등 제가 20여 년 전 학교에서 신흥 종교를 배울 때 불교 계통, 기독교 계통 모두 합해서 230개나 된다고 했습니다. 그 중에 살아남아서 교세를 갖고 있는 종교가 통일교, 원불교, 대순진리회 정도입니다. 그 만큼 도전세력, 내부 와해 요인이 많습니다. 그렇기에 교주들은 강력한 카리스마를 신도들에게 보여주거나 과시합니다. 붓다께서는 한번도 그런 모습을 보이시지 않았습니다. 부처는 가장 높은 계급으로 추앙받을 수 있는 위치를 철저하게 내려놓음으로써 평소에 늘 강조한 "생명 가진 모든 자는 평등하다."는 당신의 이념을 완벽하게 실현시켰습니다.

대부분 종교의 교주들이 자신의 입지를 단단히 하려고 애를 쓴 것과 달리 부처님은 과감하게 자신을 내려놓으셨습니다. 이것은 위대한 행동이 다닐 수 없습니다. 부처님 자리도 기득권이라면 기득권일 수 있는데, 간호하게 그 권력을 내려놓는 것은 아주 어려운 일입니다. 그때 부처님은 일체중생과 한 몸이 되신 겁니다. 계급차별이 만연한 당시의 인도사회에선 이 자체만으로도 혁명입니다. 부처님은 이처럼 평생토록 조용한 혁명을 평생 실천하시다 가셨습니다.

적멸에 드셨다는데 뵙고 싶군요. 인연 닿으면 만나겠죠. _()_

華嚴一乘法界圖

※화엄일승법계도는 '갖가지 꽃으로 장엄된 일승의 참된 세계의 모습'이라는 뜻이다. 210자로 구성된 이 법계도는 의상 대사에 의해 670년(신라 문무왕 10년)에 쓰여진 것으로 알려져 있다.

4장

과녁을 향해 날아가는 화살처럼

-시인의 비망록

여기 실린 시의 초고는 정원 스님이 페이스북에 '투쟁시'라는 제목을 달아서 올린 것을 날짜 순서로 정리한 것이다.

짐승의 소리

악의에 찬 짐승들이 날카로운 어금니를 드러내며 울부짖고 있다.
청와대는 들개들의 소굴이다.
인간들이 퇴화되어 뭉개진 어금니로는 송곳 같은 들개의 어금니를 이
길 수 없다.

짐승의 언어는 작전명령과 먹이를 갈취하기 위한 기호만 있을 뿐이다.
기호다. 기호는 사람 언어가 아니다.

짐승을 다스리는 것은 밥이 아니면 채찍
청와대 짐승들은 먹을 것이 넘쳐난다.
한 입 베어 물다 버려진 성찬들이 쓰레기 하치장처럼 넘쳐난다.
이 모두 시민들의 살이며 피며 골수들이다.

날마다 하치장에 버려진 시신들로 산을 만들고 있다.
저 짐승들은 우리의 가족과 형제를 죽이고 있다.
시민들이여,
몽둥이 하나씩 들고 청와대로 진격!

2015년 12월 26일

박근혜 요리

특색 있는 요리란다.
국정원장 주방장과 비서실장 조리사, 국무총리 설거지 담당까지 달려
들어 특식을 만들고 있다.
데칠까요, 삶을까요, 튀길까요?
18지옥 문간 죄인들에게 주는 형벌인가
날마다 날마다
한 여자 요괴의 입맛에 맞추느라
주방장 죽을 맛이다
아니 특진 길이 열리니 살맛이다
형벌의 갖가지 고문법을 만들어서 국민들을 프라이팬에 넣고 지져대고
있다.

2015년 12월 26일

역사에 대한 반성

4 · 19, 어려서 종로경찰서가 검은 연기로 뒤덮인 것을 보았다.

쌀가게 대학생 아들이 다리를 절룩이고 다녔다

박정희가 즉사하고

10 · 27 법난으로 80년 겨울을 맞이하여

이듬해 나는 해인사 퇴설당에서 할복을 시도했다

그제서야 승려들이 버스를 대절해 청와대로 간다 하더니만 가야읍도
못가고 막혔다

불교탄압 공동대책위가 꾸려지고 혜화동 민족출판사 작은 방에 삭도친
머리들이 수없이 모였다 흩어졌다.

시대의 우울보다도 나 개인의 우울함에 간혀 몇 개월 후 서울을 떠났다

그럼에도 나의 생각은 내 안에 갇혀 세상으로 향하는 문을 열지 못했고

그러던 어느 날 전광석화 아닌 안개처럼 스민 어떤 힘

깨달음의 힘이 나를 세상과 직면하게 했는데

세상은 고해의 바다라고 석가가 말했듯이

세상의 고통과 직면 그 고통은 어디에서 왔을까 고민과 고민 끝에

근본은 삶의 구조이며, 그 구조를 조작하는 정치에 있음을 알게 되니

너무 늦었다 역사에 대한 통찰력이 이렇게 늦을 수야

현실을 통으로 읽어 내기까지 밥충이로 살았던 거야

그래도 늦지 않았다

이 생명이 다하지 않았으니

2015년 12월 26일

모두 가라 암흑의 동굴로

모호한 주장을 펼치는 사람

교묘한 물타기를 하는 지식인

진실을 보도하지 않는 언론

자본을 신처럼 받드는 기업가

권력이 영원한 것처럼 양심을 학대하는 정치인

박근혜를 인간으로 생각하는 사람들

이 모두 정의와 진실을 지키지 않는 것.

모두 가라 암흑의 동굴로…….

2015년 12월 28일

어떻게 살 것인가

어떻지 죽을 것인가

정치적으로 살 것인가, 불교로 살 것인가

정치적으로 죽을 것인가, 불교적으로 죽을 것인가

서쪽에서 부엉이가 우니 달이 기우네

2015년 12월 29일

동지여! 영원하라!

같은 생각으로 산다는 것.

가족과도 함께하지 못할 수도

30년 친구와도 결별할 수 있다는 사실은 무엇을 말하는가?

결별이 아닌

빨갱이라 지칭하며 먼저 떠난 손에는 무엇이 들려 있었을까?

친구였지만 동지는 아니었다.

나에게 빨간 것이라고는 끓는 피밖에 없다.

동지여!

사소한 이견으로 갈라서지 마세.

사람이 살아가는 의미 중에

자신의 큰 생각과 세상을 보는 눈이 같다는 것은 예사로움이 아닐세.

뇌세포 수십 억 개가 성장 속에서 소멸되고 다시 만들어져서

사상의 결집이 된 것이니

수많은 생각과 경험이

호롱불 밑에서의 고뇌 속에 농축되어 나타난 것일 테죠.

동지여!

영원하라!

2015년 12월 30일

민중은 국가의 보루

빨갱이라도 떳떳하다 매국노가 아니기에
조상을 팔지 않았으니 당당하다 후레자식이 아니니
경찰에 잡혀갔어도 조직을 지켰으니 나는 의리의 사나이.
나라를 팔아먹는 자들도 있으나 우리는 무엇도 팔지 않았다.

너희들은 일제 종료 후 동족을 악독하게 수백만 명이나 죽였으나
나는 동물 한 마리도 죽이지 않았다.
양심인들의 피가 강이 되어 넘쳐 바다가 되었다.
그럼에도 무슨 변명이 필요한가?

국가가 국가를 지키는 것이 아니다.
너희들의 국가는 매국노의 나라일 뿐
우리들의 나라가 아니다.
피 흘려 지키려는 이 땅은 너네들의 땅이 아니다.
너네들은 이 땅의 국민이 아닌 일본 놈 미국 놈의 대리인
너네 나라로 가라
쓰레기들아!

2015년 12월 30일

다시 혁명의 해가 떠오른다

동학은 다시 온다.

갑오년이 아니더라도

동학이 아닌

다른 이름이라 할지라도

다른 사상이라 하더라도

이 나라가 선진국으로 가려면

반드시 청산해야 할 매국의 이름들

매국하면서 어찌 이 땅에 살고자 하는가?

세계 어느 나라이든 보아라.

주체성을 잃은 나라가 자주독립을 이룩했는가를

통렬히 부끄러워해라, 매국의 자식들이여

가슴 쥐어짜며 통곡해라 애국을 가장한 늙은 군복 박쥐들아

가스비달통들아, 새누리들아.

너의 나라가 어디인가? 일본인가? 미국인가? 한국인가?

졸렬한 지식인들아.

비열한 사이비 기성 언론들아.

너희들의 원천이 고작 박근혜드냐?

너희 식구 먹여 살리는 밥줄이 구정물과 같은 박근혜드냐?

이 땅에 혁명은 다시 온다.

반드시 반드시

그 날이 오면 너희들은 숨을 곳이 없이 단죄되리라.

2015년 12월 31일

혈관이 터지려해요

온몸이 마비되려 해요.

피가 막혀서 아우성이에요.

한쪽에선 피가 붉다며

피가 끓으니 뽑아내야 한다며

칼과 망치로 내리치려해요.

저들이 의사도 아닌데

내 병명을 함부로 결론 내리고

이 땅을 더 오염시키고 있어요.

저들은 세균인가 봐요.

내 안에 면역세포 건강한 상식을 죽이네.

저들은 암 덩어리인가 봐요.

생살을 뚫고 이 땅을 오염시켜요.

2015년 12월 31일

반역자들

진실을 거짓으로 이기려 하고
매국을 애국이라 칭하며
양심 가진 자를 폭도라 부르는
반역의 무리들아

너희가 살 곳은 한국이 아니다.
너희가 있어야 할 땅은
아귀다툼과 피를 빨고 살점을 뜯어먹을 지옥의 암흑이다.

5천년을 지배와 압제 속에서도
이어온 이 땅이다.

썩 나가거라
이 땅에서 사라져라!

2016년 1월 1일

이래도 망하지 않는 세상이란

탄저병으로 죽이고

원자병으로 죽이고

굴종외교로 국민 죽이고

할머니들 멍들게 해서 죽이고

물대포로 죽이고

벌금으로 죽이고

간접세 증가로 죽이고

부정선거로 죽이고

생활고로 죽이고

4대강으로 죽이고

DNA 조작으로 죽이고

울화병으로 죽이고

외교수치로 죽이고

해외망명으로 죽이고

자살로 죽이고

매국으로 죽이고

부정부패로 죽이고

갑질로 죽이고

무직케 해서 죽이고

철탑에 오르게 하여 죽이고

송전탑으로 죽이고

서민 주머니 털어 죽이고

고문으로 죽이고

감시, 도청, 미행, 사생활 침해로 죽이고

지 애비 놈 흉내내서 죽이는

이 나라가 망하지 않는다면

사람 사는 세상이 아닌

악마 패륜아 정권이다.

박근혜는 자살해서 국민 원한을 씻으라!

2016년 1월 1일

박근혜의 죄업

승려가 범한 죄 중에 조직을 와해시키는 죄를 중죄로 꼽고 있다.
박근혜는 한국의 민심을 교란시키고 와해시켜 파탄지경에 이르렀다.

아!
이보다 더 큰 죄가 있으랴?
살인자보다 더 중한
살인죄는 훗날 참회할 수 있어도
파탄난 민심은 돌이킬 수 없으니
그 죄가 태평양보다 깊어라.

2016년 1월 2일

어느 빛에 기댈까?

세계의 이미지를 깔고 누워 쏟아지는 별빛을 보니
일제치하 독립에 애쓰던 분들 생각에
불편한 잠자리쯤이야.

바닷바람 불어와 가사 두 장 여미게 하지만
낮 열기로 덮혀진 모래바닥은 따듯해

나름 치열하게 산다지만
치열함이 독이 될지 약이 될지
저 멀리 등대 불빛만 아스라해.

깨어나고 깨어나도
새벽빛은 그대로
나는 어느 빛에 기댈까?

2016년 1월 4일

어쩌란 말인가?

올바른 투사도 되지 못하고
올곧은 수행자로 살지 못함에

어쩌란 말인가?

소신공양 용기 없어
자살도, 폭력도 안 되고
더워서 얼어 죽지도 못해

어쩌란 말인가?

2016년 1월 4일

이 땅의 민중이란?

조선 500년을 압제에 신음한 민중들.
다시 근대 100년 현대 백년을 고난의 칼끝에 서다.

선량한 민중이란 늘 이렇게 핍박받으며 살아야 하나?
어리석은 민중들은 권력의 칼 속에 희생당함이 마땅하다.
그러나 현명한 민중은 권력의 총칼에도 굴하지 않아
역사는 당대에 끝나지 않음을 알기에
정의를 세우지 않으면 불의에 점령당함을 알기에

이제는 끝내야 한다.
권력은 지혜로운 군중을 누르지 못한다는 것을
영원하지 않은 권력은
민중을 이길 수 없다는 것을

우리는 증명시켜야 한다.
증명시킬 것이다.

2016년 1월 5일

분노도 나를 망치지 못한다

이명박과 박근혜는 세월호로 침몰하는 듯했고
당뇨는 삶의 물속으로 처박았으나 가라앉지 않았다.

분노하되 미워하지 않았으며 미워하되 증오하지 않았다.
분노는 자신을 수렁 속에 빠뜨리려 했지만 중심을 잃지 않았다.

지금도 분노는 하지만
나를 해치지 않았다.

그것이 자신을 지키는 힘
분노로부터 벗어나는 힘

분노하되 분노의 현장을 떠나면 자신으로 돌아와서
자신 속에 안주하는 그것이 자신을 지키는 힘

자신 속에 안주하는 그것이 자신을 지키고 정의를 세우는 힘

2016년 1월 5일

투쟁은 직업이 아니다

투쟁을 업으로 삼는 사람은 단 한 명도 없다.
투쟁전문가라는 말은 공권력이 지어낸 허구일 뿐
정치적인 수식어에 지나지 않아.

노동을 업으로 삼았던 노동자들이 싸움꾼이 될 수가 없다.
노동은 귀한 것이고 싸움이란 덜 고귀하기에
스스로를 낮추지 않는다.

봐라!

간악한 무리들이 일제 이후 어떻게 해왔는가를
오늘도 간악의 극치를 달리고 있지 않은가.

67년 동안 민중들은 압제에 시달려 한계점에 도달했다.
이 사회의 폭력과 저항은

간악한 무리들이 불러온 것.
선량한 사람도

핍박받고 생존을 위협받으면

쌈꾼이 될 수밖에 없는

이 현실을 똑똑히 봐라!

2016년 1월 6일

승려는 직업이 아니다

출입국 카드 직업란은 ×아니면 늘 공란.

승려는 대가를 바라고 행위하는 사람이 아니다.

승려란 시인이나 진정한 기자처럼

사회의 예민한 곳을 먼저 감지하고

먼저 아파하며

대안을 모색해야 하는 사람

2,500여 년 전 국왕을 찾아가 카스트 제도를 비판하고 바른 길을 제시한

붓다의 길.

나는 겨우 그 길을 봤을 뿐이다.

그 행위를 어찌 직업이라고 하랴.

2016년 1월 6일

석가시대와 2016년

말로 몸짓으로 사람을 움직이던 시대를 훨씬 지나서

언어만으로는 설복할 수 없는 2016년이다.

짐승들에게 사람의 말은 들리지 않아

워리워리

날카로운 채찍만이 짐승들의 귀를 뚫는다.

인간이 인간 아닌 것들에게

인간의 언어로 소통하려는 것은

짐승들에게는 소음일 뿐.

자 이제

짐승들의 귀를 뚫어라!

혁명이다!

인간 혁명이다!

2016년 1월 6일

나는 진정 민중을 사랑하는가?

묻는다.
민중을 사랑했냐고
짚고 또 헤집어 본다.
고개를 흔들었다.

왜? 무엇 때문에?
이기심으로?
일신의 안위를 위해?

고개를 끄덕였다.
인정하지 않을 수 없다.
인정하련다.

민중을 사랑하는 마음이 구도의 마음인데
이 밤이 지나면
이 밤이 지나서야 사랑함을 사랑했음을…….

2016년 1월 6일

수행자란

수행자는 끊고 맺음이 분명해야 한다.
과녁을 향해 날아가는 화살처럼
내리꽂히는 폭포수 같이

세상 사람들이 보기에
스님들은 왜 그리 맥아리가 없고 흐느적거리는지
무엇을 말하는지 알 수가 없다고 한다.

세상의 문제를 판단함에 정확 간결해야 하고
판단하고 참여할 능력이 없다면
어찌해야 할까?

2016년 1월 7일

|5장|

나의 새벽길

-유작시 모음

정원 스님은 〈문예사조〉 신인상을 수상하며 문단에 등단했고,

2002년 〈스포츠서울〉에서 주최한 한국 인터넷 문학상 시 부문에 당선되었다.

여기에 실은 유작시 12편은 2004년 발행한 《새벽으로 가는 길》에서 고른 것이다.

'절에서 쓰는 언어'가 시

시詩라는 한자어 속에는 '절에서 쓰는 언어'가 시라는 의미가 포함되어 있다. 그 원류는 석가모니 생존시부터 비롯되어(전날 수행한 내용을 대중들에게 털어놓는 고백이나 말의 형식이 시의 형식이었다) 선사들의 오도송이나 전법게로 이어져 내려왔지만 정작 불교 내에서는 시의 의미를 그다지 중요하게 여기지 않았다. 모르는 부분도 없잖아 있을 것이다.

불립문자不立文字라는 턱에 걸리어(당대의 선지식들 대부분은 문자에 능숙하여 문자 통通을 한 분들이다) 불교 시문학이 변방에서 눈치나 보며 지내온 것이 불교 속사 속에 시문학의 위치이다. 그러나 균여의 〈보현십원가〉나 월명의 〈제망매가〉에서 보여주는 시의 뛰어난 운율성과 풍부한 메타포가 담긴 선시들이 여타 시문보다 시격이나 언어의 선택 면에서 뛰어난 점들은 역사적으로 증명되고 있다.

문학에 뜻을 둔 것은 20여 년이 훨씬 지났으나 문학에 입성하지 못하고 늘 밖에서 서성이다가 8년 전에 겨우 문단 말석에 입문하였으니,

대기도 아니면서 만성만 한 셈인지도 모른다.

실상 원효나 경허도 아니면서 저잣거리에서 한동안 만행을 한 까닭에 시편들이 세속의 심성들을 헤아리고 있는 것들이 많음을 고백한다. 그러한 배경을 부처 아닌 것이 어디 있으며 법이 아닌 것이 어디 있으랴 하는 얼버무림으로 각覺하지 않은 시승詩僧으로서의 말은 하지 않겠다. 그냥 세속에서 잠시 놀다 왔노라고 부처님께 참회하는 마음을 갖고 선지식에게 고백하는 마음을 갖겠다.

승려로서의 시가 아니라고 책망하신다면 페이지를 훌쩍 뛰어넘어 5부의 극락전 앞마당으로 가시면 되리라 여겨진다.

이 시집은 제 자신에 대한 마음의 점검이며 성찰이 되리라 생각한다.

시집《새벽으로 가는 길》(2004) '시인의 말' 중에서

16세의 비망록

산을 오르기 전에 숲을 보았다

숲을 알기 전에 꽃을 먼저 취하였다

까뮈의 반항적 실존과 헤세의 감성을 얻고

이상적 여인으로 그린 상록수의 채영신

미래의 결혼조건을 묻기에

아이를 꼭 낳아야 하나요

한 방에 같이 살아야 부부인가요

라고 되물은 소년은 끝없는 물음임과 동시에 고달픈 인생의 서막이었다

그 어린 감성을 덧들여 놓은《달과 6펜스》

고갱의 멋들어진 도피적 삶

소년이 붙잡은 것은 고갱이 벗어버린 옷이었을까

타이티는 커녕

육지의 작은 지역을 배회하다 돌아온 10일의 가출일기

가출일기엔 배고픔과 고달픔과 신기함과 그리고

집을 향한 귀환지도가 빼곡하다

16세에 너무 일찍 어른이 되어버린 어설픈 결론

그래서 어른의 무기력과 나른함의 부패를 일찍 엿본 소년의 눈

어른이 되고 싶지 않았던 16세의 비망록

그 터무니없을 철없는 16세 소년이

중년이 넘은 또 다른 나를 어디선가 지켜보고 있다

詩라는 여자

안개처럼 흐느적거리는 몸짓

때론 토라진 소녀의 표정처럼

돌아올 줄 모르는 그 생각 하나

밤새 공원길을 배회하게 만든 희미한 글자 하나

돌아온 그녀는 그녀가 아니었다

바람난 아내가 집에 돌아왔을 땐

그녀 입에서 저 먼 바다 냄새가 맡아졌다

바다 내음에 실려 온 파도 소리는 내게 아무런 울림도 주지 못했다

돌아온 그녀에게

첫날밤처럼 그 긴장감과 정갈한 몸으로 합방을 권했다

옷고름은 끝내 풀리지 않았고

싸늘한 냉기만 온몸에 흐른다

결국,

그 현란한 신음도

끝내 요동치던 두 다리도

아침이면 싸늘한 시신 되어

방바닥에 수북하게 널브러져 있다

한 번 변심한 여자 맘은 돌리기 어려워서

식은 재처럼 싸늘하기만 하다

질감으로 다가오는 육체가 아니라

어쩌면

그녀가 흘린 미소였을지도

그대 빈 들에 서서

그대 빈 들에 서서 나지막이 당신 이름 불러 봅니다

당신은 비 내리는 깊은 밤 창을 때리는 빗소리 홀로 들어 보셨는지요

그 때 가슴에 비워져 나가는 것은 무엇인가요

채워지는 것은 무엇인가요

오늘은 그 소리 들으려 합니다

함께 산다는 것은 서로의 소리에 귀 기울이는 것

사랑의 소리

미움의 소리

그리고 뜻 모를 소리 가슴에 대고

촛불 하나 밝혀들고 당신에게 가겠습니다

아무것도 얻으려 하지 않습니다

아무것도 채우려 하지 않습니다

다만 저문 날에 그림자처럼 당신 창가에 서 있을 뿐입니다

내 가슴에 내리는 비

물빛 머금은 종이처럼

찬찬히 가슴에 수채화 한 폭 들이고

붓끝에서 뚝뚝 떨어져 내리는 감정의 물방울들

사랑의 감정이란

안개처럼 사라질지 모르는 것이어서

늘 불안하지만

그래도 믿을 건 사람, 사랑뿐

가슴 벅차오르는 그 날까지

세상이 온통 비어서 아름다울 때

더 이상 비켜갈 수 없는 막다름이 아니어도 말하리

당신은 이미 내 가슴에 들어와 있노라고

나의 새벽길 1

희끄무레한 거리
세상의 한 귀퉁이에선
아침이 기지개를 켜는 소리가 들린다

주부의 쌀 씻는 소리
회색 운무 속에
휘적휘적 어디론가 걸어가는 발걸음

나 하나 어찌 못하면서
세상 행복 빌던 아주 작은 손 하나
새벽 위산과다처럼
그렇게 쓰린 새벽들은 지나갔다

잠들지 않는다 해서
불면증 환자처럼
밤을 쥐어뜯어도
새벽이 오는 것은 아니다

거리엔 최루가스 냄새가 사라진 지 오래
이즘이 머니로 대치되고
머니의 뱃속을 깨고 나온
에로스 문화의 기형아들

무엇을 말하려는지 거리는 텅 비어 있고
비어 있는 공간을 무엇으로 채우려는지
안개가 밀려온다

느적 느적한 이 나른한 일상의 권태
견고한 갑골처럼 단단해진 뻔뻔함
이제는 더 이상 어쩌지 못할
권태들이 안개처럼 몸 위를 덮쳐가고 있다.

행복동 이야기

철길 건너 마을 행복동
행복동에 살면 행복해진다는 말이 있다
철길 이쪽 마을 사람들은
굳이 행복동으로 이사를 가려 하지 않는다

정작 행복동 사람들은 행복해 하는 것 같지 않다
행복동에 행복이 살고 있지 않는 걸까
왜일까
왜 그럴까

행복동 마을 입구에 걸린
녹이 슬은 행복마을 표지 간판이 바람에 깃발처럼 펄럭인다
무슨 이유일까
왜 그런 것일까

그루터기

산길 걷다 보면

누군가 앉아 쉬라고 잘라 낸 그루터기

날 위한 그루터기가 아니어도

마음이 쉬어 가는 찰나의 극락

오랜 길 걷다 보면

지친 몸 등짐 진 역경의 세월에

잠시 쉬어갈 그루터기를 만나는 것은 큰 위안이다

많은 사람들이 아닌 한 사람일지라도

세월의 가슴팍을 열어 보이는 그 자리에

기댄 어깨가 정겹다

해가 지는 산마루 즈음에

세월 풍상을 함께한 그루터기에 앉아

한 폭의 노을을 바라보는

벗이 있다는 것은 대단한 축복이다

나무의 목소리

신축 한옥에서 山 냄새가 났다
그리고
어디선가 들려오는 목소리
신음인지 속삭임인지 모를

어느 날 창유리가 산산이 깨어져 있었다
나무로 된 창문틀이 휘어져 있다
몸 뒤트는 거부의 몸짓으로

두 팔이 잘리고
몸은 분해되었으나
살아있다고 나무는 말하고 있다

바람 한 점 없는
어디에선가 뚝 뚝
깊은 밤에 단잠을 깨우는 소리

산에서 수백 년 절에서 또 수백 년

수없는 세월을 살았을 가람 木
기둥, 대들보의 지장참회 소리들

사부대중과 함께 기도하고
지켜내고
바라본 세월의 증인들

그들과 더불어
무릎 꺾는 참회의 시간들

나의 님

고요한 이 밤을 적시는 당신의 음성은 무엇입니까
수곽에 흐르는 물 놓아주시고
가슴의 정적 깨운 당신의 발걸음은 무엇인가요

이른 아침 기침을 놓으시고
게으름을 일깨워주는 저 새 울음소리

안개처럼 스멀스멀 다가와서
마른 가슴 적시고 가는 님의 손길은 사랑인가요
낮이면 햇볕 탈까 구름을 놓으시는 당신은 자비인가요

당신의 그 큰 온정에
비 내리는 들판에서도 당신을 기억합니다
이제는 따스한 손길보다
소낙비처럼 매서운 꾸짖음으로
나른한 일상을 깨우소서

前生 1

나는 대중 방 목탁이라오
은빛 물들은 산사의 잠든 만상을 깨우는 소리라오
먼저 일어나고 가장 나중에 눕는 행랑아범

나는 대중 방 마루 기둥에 매달린 목탁
밥 때면 울어대고
집합신호로 쓰이는 기호
머리는 북처럼 커서 세상 바람이 드나들지만
정작 제 몸 가누지 못하는 도철

깊은 밤 俗과 眞을 넘나들며 피울음 토해내는 휘파람새
사랑하지도 미워하지도 못하는 가슴앓이
철저히 투영된 자신으로 살지 못하고
철저히 버려지지도 못하는 피조물

쓰이다 살다 끝내 아궁이 불감으로 제 한 몸 태우고
아랫목 온기 한 점 남기고 흔적 없이 사라진다

길

세상에는 많은 길이 있다
대로 소로 굽은 길 곧은 길
뱃길 산길 하늘길
그 많은 길 중에 내 길은 산으로 나 있다

보이지 않는 길
막다른 길
더 이상 넘어서기 어려운 벽
그 벽 뒤에 산이 있었다
도저히 나아갈 수 없는 은산 철벽
보이는 길은 산길이었고
그 산길 길섶에 꽃 한 송이 피어 있다

너무 멀리 돌아서
가지 않아도 될 길을 지나
산으로 접어드는 길을 만났을 때
산의 얼굴이 보였고
산이 웃고 있었다

| 6장 |

촛불이 되어

－추모시와 추모사

촛불이 되신 정원 스님

임효림 · 스님

한 치 앞이 절박한 지금
스스로 몸을 살라
길을 밝혔다

절체절명의 시간
계산을 굴리고 있는 무리들에게
내리친 불방망이

여기서는 모든 것을 던져버려라
길은 외길이다
모두 정원 스님이 되어 저돌하자
저기 저곳을 향하여

촛불이 되신 정원 스님

촛불이 되어

-정원 스님에게 바침

이가희 · 시인

스님이시여

더는 기다릴 수 없는 번뇌의 끝자락이었나요?

침몰된 사월 하늘이 가슴속 깊게 패어 그렇게 웃지 못하셨나요?

비통한 마음 글로 남길 수 없어 "이만하세, 이만하오" 그렇게 남기고

숨 거두셨나요?

스님이시여

차디찬 바다 밑 저 끝 간 곳까지 가 닿는 분노를 내려놓고

기꺼이 기름을 부어 제 몸을 태워 등대가 되신 이여!

그대 온 몸 활활 불살라 스스로 촛불이 되신 이여!

천 만의 촛불로도 가득 찬 슬픔과 번뇌 쉬이 삭아 내리질 못한다 해도

스님이시여

이제 범종의 그 하얀 손가락으로 합장하여

어두운 하늘의 별을 깨우게 하소서

비리의 당을 태워 햇살로 열리는 세상이 되게 하소서

스님이시여
부디 다 내려놓으시고 영생극락 하시옵소서

바르게 소원 하나니
-정원 스님의 소신공양에 부침

정덕수 · 시인(노래 〈한계령〉 작사)

바람이 분다고 숲은 숨지 않는다

한 그루 나무로는 견딜 수 없는 바람도

숲이 되었을 땐 견고히 내린 뿌리 단단히 의지하여

거칠게 휘몰아치는 광풍에 맞서 이겨낸다

하나의 외침은 부질없을 때 많으나

서로 한 마음으로 외치는 함성은 산과 강을 흔든다

누군가로부터 시작된 작은 울림이

거대한 함성으로 광장을 채우면 산도 강도 두렵지 않다

목적 너머의 목적을 탐하지 말고

얼마쯤 처연한 사랑의 노래여도 좋은 외침

하나가 둘이 되고 셋이 열로 키워지며

힘차게 발 구르는 소리 광장은 물결로 일렁인다

진실은 묻히고 거짓이 번연히 자리 차지하던 세상

갈아엎을 광장의 힘이 일렁인다

"잘 모릅니다"로 "기억나지 않는다"로 감출 수 없음을

뭉뚱그려 훼절시킨 저들의 욕망의 찌꺼기

일제히 일어선 민중의 힘으로 돌려줄 때

무책임하게 방치했던 우리의 희망이 불을 밝힌다

때때로 의지가 휘어지더라

그러하여도 우리 꺾이진 아니하면

새날 밝은 때를 기필코 마중하여

시퍼렇게 뒤척이며 몸서리치는 아득한 절규 멈추게 하여

단숨에 전신으로 피돌기 가팔라지고

반드시 그 님의 외침 이루리

불꽃 속에서 '박근혜 구속'을 염송

박교일 · 자주평화통일실천연대 상임대표

2017년 1월 7일 22시 30분경, 자주평화통일실천연대에서 활동하던 비구 정원 큰스님께서는 세월호 1,000일 추모집회에 참여하신 직후, 광화문 열린시민광장 나무 밑에서 마치 부처님의 가부좌 튼 모습으로 소신공양을 통해 원적에 드셨습니다.

원적에 드시는 순간까지도 흐트러짐 없는 자세로 '박근혜 구속'을 염송하셨다고 목격자들은 전합니다. 큰스님께서는 소신공양을 통해 본인의 죽음이 어떤 집단의 이익이 아닌 민중의 승리가 되어야 한다는 가르침을 남기셨습니다.

존경하는 시민여러분, 민중의 승리란 무엇입니까? 박근혜 정권은 부정과 불법선거로 온전한 국민의 주권을 빼앗고, 급기야 최순실로 대표되는 대리 통치를 통해 국권을 유린하고, 국가를 사익을 채우는 도구로 전락시켰습니다. 이런 부패하고 무능한 정권은 세월호 참사에서 구할 수 있는 304명의 목숨이 사라지는 것을 국민들이 발을 구르며 지켜보게 하였습니다.

뭇 생명을 살리는 수행자로 살아온 스님은 민중의 고통을 외면하지 하지 않고, 선거무효소송 속결, 세월호 참사 진상규명, 한일 간 위안부 합의 및 군사정보보호협정 폐기, 사드 배치 반대 및 자주·민주·통일 운동에 온몸을 던지시는 삶을 살아왔습니다.

스님은 우주의 원소로 돌아가시며 이 땅에 새로운 물결이 도래하여 더러운 것을 몰아내고, 새 판, 새 물결이 되기를 희망하셨습니다. 촛불을 든 모든 시민이 새로운 물결이 되어 스님의 뜻을 이루도록 하겠습니다. 이를 통해 스님이 남겨 놓으신 뜨거운 사랑을 실천하도록 하겠습니다. 스님의 발인에 참석해 주신 시민여러분께 유가족 대표로 머리 숙여 감사의 인사를 드립니다.

스님은 결코 돌아가신 것이 아니라 우리와 늘 함께하고 우리의 승리를 기원해 주고 계십니다. 스님, 정원 큰스님, 감사합니다.

＊박교일 대표가 2017년 1월 14일 광화문 광장에서 열린 정원 스님 영결식에서 읽은 추모사다.

일체 민중이 행복한 그날까지
-민주 정의 평화의 수행자 정원 스님

발행일 | 2017년 2월 25일 초판 1쇄 발행

글쓴이 | 정원 스님
기　획 | 정원 스님 추모문집 편집위원회(서상원, 박교일, 백도영, 지창영)
편　집 | 플랜디자인
표　지 | 김희진
펴낸이 | 최진섭
펴낸곳 | 도서출판 말

출판신고 | 2012년 3월 22일 제 2013-000403호
주소 | 서울시 마포구 토정로 222(신수동 448-6) 한국출판콘텐츠센터 316호
전화 | 070-7165-7510 / 010-3306-6977
전자우편 | dreamstarjs@gmail.com

신고번호 | 제2013-000403호
ISBN | 979-11-87342-03-8

● 값은 뒤표지에 있습니다.
● 잘못된 책은 본사나 구입하신 곳에서 바꾸어 드립니다.